LIVRE ÉLÉMENTAIRE
DE LECTURE

OU

EXERCICES GRADUÉS

POUR

APPRENDRE FACILEMENT A LIRE

A L'USAGE

DES ÉCOLES PRIMAIRES.

Strasbourg,

A LA LIBRAIRIE D'ÉDUCATION DE F. C. HEITZ,
RUE DE L'OUTRE 5.

—

1861.

LIVRE ÉLÉMENTAIRE DE LECTURE.

PREMIÈRE PARTIE.

Alphabet.

a b c d e f g
h i j k l m n
o p q r s t u
v w x y z.

Lettres majuscules.

A B C D E F G
H I J K L M N
O P Q R S T U
V W X Y Z.

Voyelles.

a e i o u y.

Consonnes.

b c d f g h j k l m n p q r s t v w x z.

Voyelles accentuées.

é   accent aigu.

à è ù   accent grave.

â ê î ô û   accent circonflexe.

ä ë ï ö ü   tréma.

Ponctuation et Signes.

(,) virgule. (;) point virgule. (:) deux points. (.) point. (?) point interrogatif. (!) point exclamatif. (') apostrophe. (-) division ou trait d'union. ( ) parenthèses. (ç) cédille. (») guillemet. (—) tiret.

DEUXIÈME PARTIE.

MOTS D'UNE SYLLABE.
EXERCICES GRADUÉS.

Mots de deux lettres.

Bu	ma	si	le	nu	sa	ta
de	te	la	ni	fa	lu	me
su	fi	ce	pu	se	sa	vu
va	du	tu	ne	ri	hé	je
do	mi	da	mu	j'y	n'a	no
Ab	il	en	or	un	ex	at
et	ob	os	ad	es	ut	on
in	as	id	oh	ac	an	ah

Mots de trois lettres.

Duc	bal	pur	Job	cap	vif
coq	car	val	tel	dur	vol
fer	Sud	bel	sur	bas	pas
bec	mer	Bar	fil	sel	cep
mur	sac	fin	mal	roc	Nil
pis	ver	sol	suc	Tyr	par
nul	don	ton	vin	lui	sec
vie	bon	lin	fui	nom	cas
mon	des	non	lis	vus	nos

jus	ils	tes	nez	rat	riz
lit	fut	jet	sot	mit	pot
mot	nid	Mai	lut	air	dos
jeu	eau	vœu	œuf	peu	rue
vue	feu	eut	sou	toit	mou
roi	que	fou	qui	six	loi
dix	foi	cri	thé	pli	cru
blé	arc	pré	ont	est	pie
oui	l'or	s'il	l'an	n'ai	s'en
art	Pan	cet	aux	lot	mil
née	col	nud	moi	fol	net
vit	gué	soi	qu'à	mât	fit
ont	but	vas	sut	git	pin
fée	son	lac	bis	cor	dûe
for	dot	fat	bol	vil	fur

Mots de quatre lettres.

Mars	bref	sort	cinq	porc	gant
veuf	seul	lent	mort	bout	vert
scie	tort	plat	brun	clin	fort
bien	ciel	juif	hier	fuir	rien
cuit	pays	nuit	Juin	cuir	suif
prix	mets	gros	flux	gras	arcs
trot	part	flot	vint	Lord	sont
sang	Nord	pont	long	drap	camp
rond	jonc	lard	banc	clef	sans

loup	cent	gens	bled	fard	l'ont
paix	fend	vain	fait	gain	sens
faim	crin	pair	Rhin	vais	sein
char	faux	chou	veau	saut	chef
peur	jeux	chat	feux	cher	taux
cœur	choc	ceux	œil	peut	vœu
joue	bouc	tour	Toul	clou	tour
poix	coup	foin	poil	toit	oint
quoi	peau	quai	geai	joie	seau

Mots de cinq lettres.

Fleur	trait	chaux	chaud	prend
blanc	front	vieil	corps	porcs
grief	plomb	saint	frais	chair
tronc	grain	flanc	clerc	vingt
craie	pleut	teint	tient	meurt
plaie	reins	sourd	coups	train
temps	cours	pieds	plais	lourd
court	peint	creux	mords	bruit
pluie	Blois	seuil	croix	vieux
doigt	fruit	queue	truie	lieue
poing	chair	chant	Sieur	tiers
chaud	yeux	joint	deuil	chaux
trois	chien	champ	poids	quand
sceau	mieux	soins	chœur	choix
moins	quart	rends	cieux	droit

TRENTE PETITES LEÇONS,
COMPOSÉES DE MOTS D'UNE SYLLABE.

Leçon I.

Du drap vert est bon pour la vue.
Pas à pas on va fort loin.
Qui fait le plus fait le moins.
As-tu vu le bel arc-en-ciel?
Le loup sort du bois quand il a faim.
Crains l'eau qui dort.
Ce cor rend un beau son; il va très-bien.
Le roi a tué hier ce daim-là.
Je ne crois pas ce que tu me dis; tu perds
 ton temps.
Un fou ne se tait pas.
Quand le puits est à sec, on sait ce que
 vaut l'eau.
La pluie suit de près le beau temps.
Je sors du lit, et je pars pour huit jours;
 mon chien me suit
Ce lard est trop gras, je n'en veux point.
Un fou ne sait ce qu'il dit ni où il va.
Le parc est bien beau dans ce temps-ci.
Je hais le jeu; car quand je joue, je perds;
 mon gain n'est donc pas grand.

Ne fais et ne dis que ce que tu sais bien.
Qui ne sait pas le prix du temps sais bien peu.
Plus on est sot, plus on est vain.

Leçon II.

Ce que dit le bon sens.

On n'est pas bon, quand on ment.
Fais voir dans tous les cas que tu as du cœur; car on rit de ceux qui ont peur.
Si tu me dis qui tu vois tous les jours, je sais ce que tu es.
Ne fais rien de trop; mais fais tout ce qu'il faut.
La paix du cœur est le plus grand des biens.
On croit tout ce qu'on craint.
Je fais peu de cas de ce que tu dis; je veux voir ce que tu fais.
Ne mens point; Dieu veut que tu sois vrai.
Que le jour soit moins pur que le fond de ton cœur.
Si tu crois que tu sais tout, tu ne sais rien.
Si tu fais du mal, crains le mal.
Rien n'est beau que le vrai.
Ne dis de ceux qui sont loin que ce que tu en dis quand ils sont près de toi.
Qui dort trop sait peu.
Qui ne fait pas quand il peut, ne fait pas quand il veut.

Ne mens pas si tu veux que l'on te croie.
Si tu fais ce que tu peux, tu fais ce que tu dois.
Sois bon, et ne fais point de cas du mal que l'on dit de toi.
Ne fais point le mal, mais fais le bien.
Bats le fer quand il est chaud.
Ne fais pas à Jean ce que tu crains pour toi.
On se tient où l'on est bien.

Leçon III.

Qu'est-ce que Dieu?

Dieu a fait de rien tout ce qui est. Il a fait le ciel; il a fait l'eau; il a fait le feu; Dieu a fait tout ce que tu vois et tout ce que tu ne vois pas. Dieu est dans tous les lieux; il voit tout et il sait tout. Dieu peut tout ce qu'il veut; mais il ne veut pas le mal, car il est très-bon. Il n'y a qu'un seul Dieu. Tout le bien nous vient de Dieu; le mal ne vient que de nous. Si tu es bon et si tu crains Dieu, tu lui plais. Dieu peut tout, et il sait mieux que nous ce qu'il nous faut. Tu fais donc fort bien quand tu le pries tous les jours. Dieu veut qu'on le prie au moins deux fois par jour; prie Dieu quand tu sors du lit; et prie Dieu le soir, quand tu vas au lit.

Leçon IV.

Les jours courts et les jours longs.

Le temps est très-beau; il ne fait pas froid ni trop chaud; c'est le temps du mois de mai. Le mois de mai est le plus beau de tous les mois. — Que dis-tu du mois de juin? Le mois de juin n'est pas si beau que le mois de mai; il fait trop chaud au mois de juin; on ne sort que le soir au mois de juin, mais au mois de mai on sort tout le jour. — Et le mois de mars, qu'en dis-tu? Au mois de mars les jours sont plus courts qu'au mois de mai; il fait froid, il pleut et il y a de la boue; on ne sort que de temps en temps. Au mois de mai les jours sont plus longs qu'au mois de mars, et il ne fait pas froid; les prés sont verts; on y voit des fleurs; on sort tous les jours. Quand les jours sont bien courts, il fait froid; quand les jours sont bien longs, il fait chaud.

Leçon V.

Le mal aux dents.

Paul a mal aux dents. Il ne dort pas; il crie nuit et jour; il ne prend rien; à peine il boit de l'eau. Ce qui est froid lui fait mal, et il craint ce qui est un peu chaud. Je sais ce qu'il en est des maux de dents; j'en ai eu deux ou trois fois, et si je n'en ai plus, c'est que je n'ai plus de dents. On va, on vient; on est mal dans tous les lieux, quand on a mal aux dents. Ah! je plains bien ceux qui ont des maux de dents.

Leçon VI.

Au moins du pain.

Le pain est très-cher. La pluie a fait grand mal au blé. Je plains les gens qui n'ont ni pain ni blé. Y a-t-il bien des gens qui n'ont pas de pain? Il n'y en a que trop. Quand il y a peu de blé, ou que le blé n'est pas bon, le pain se vend fort cher; et bien des gens n'en ont pas ou en ont fort peu. Oh, tant pis! Dieu! que je les plains! Le pain est si bon! et il en faut. Au moins du pain, au moins du pain, pour qui n'a rien de plus.

Leçon VII.

Le Turc et le Grec.

D'où viens-tu, mon cher ami? — Je viens de bien loin; je viens de ce bourg que l'on voit là-bas. — Et tu dis que c'est bien loin? — Je le crois bien; il y a plus de trois lieues. — Tu vas bien loin tout seul. — Oh! je vais bien plus loin, je vais à huit lieues. Ne suis-je pas grand? J'ai deux fois sept ans, et toi, tu n'as que dix ans; j'ai donc deux fois deux ans de plus que toi. — Qu'as-tu vu à ce bourg? — J'ai vu un Turc et un Grec. — Les as-tu vus de près? Oui je les ai vus de très-près. — Le Turc est-il beau? — Non; il n'est pas grand; il est fort gros; il a le teint brun; il a les yeux noirs et les cils fort courts. — Et le Grec est-il plus beau? — Oh! le Grec est fort beau; il est bien grand, et il n'est pas trop gros; son teint est bien blanc; il a les yeux bleus et très-grands; ses cils sont longs. Le Grec est plus beau que le Turc.

Leçon VIII.

L'or, le fer et le plomb.

Qu'est-ce que tu tiens là? — C'est du plomb. Ah! que c'est lourd! Le plomb est bien lourd. Le fer ne l'est pas moins, et il est plus dur. Le fer est plus noir que le plomb. Le plomb est gris; et le fer n'est pas bien noir. L'or est plus lourd et plus dur que le plomb et que le fer. L'or vaut plus que le fer et que le plomb. L'or est roux.

Leçon IX.

Le bord du lac.

Où est mon fils, dis-moi? — Je le vois là-bas sur un roc, au bord d'un lac. — Quoi! mon fils est sur un roc et au bord du lac? —

Ne crains rien; ce roc est loin de l'eau, et il n'est pas bien haut. — Mais je ne le vois pas. Tu dis qu'il est là-bas? — Oui, il est là-bas près du grand pin. — Il n'y est plus; vois donc. — C'est vrai; je ne le vois pas; mais il est près de nous. — Mon fils, ne va plus sur ce roc ni au bord du lac. Je ne le veux point. Je crains pour ta vie. Ne va plus si loin tout seul.

Leçon X.

Le chaud et le froid.

Je n'en puis plus; je meurs de froid. — Mets-toi donc près du feu. — Dieu! quel temps! il fait ou trop chaud ou trop froid. On n'y tient pas. — Ne te plains pas du temps: prends-le tel qu'il vient. Il fait chaud et il fait froid tous les ans: il le faut bien. — Tu ne me dis rien de neuf. Je sais qu'il fait froid et qu'il fait chaud tous les ans; mais je ne m'en plains pas moins. — Et tu as grand tort. As-tu moins froid, as-tu moins chaud, quand tu t'es plaint? — Eh mon Dieu! non: j'ai chaud s'il fait chaud, j'ai froid s'il fait froid. Et toi, ne te plains-tu pas? — S'il fait froid, je me tiens près du feu; s'il fait chaud, je me tiens au frais quand je le puis, et je ne me plains pas.

Leçon XI.

Le nain.

Le nain que je vis hier n'est pas plus grand que moi. Je n'ai que six ans et il a vingt ans. — Que te dit-il, ce nain? — Il me prit la main; il rit de bon cœur; mais il ne me dit rien. — Et toi, que lui dis-tu? — Moi, je ne lui dis rien. J'eus peur de ses grands yeux et de sa voix. — Ah! tu eus peur du nain? Ne dis point que tu as du cœur. Fi! tu es si grand, et tu eus peur!

Leçon XII.

La soif et le vin.

Ma sœur, j'ai soif. — Bois un peu de vin. — On ne boit pas de vin quand on a soif. Le vin est trop fort. Je n'en bois point. — Mais c'est du vin blanc; il est bien clair; il est bien doux; il est fort vieux; il est très-bon. — Je n'en veux point : je ne bois que de l'eau. — Mais si je n'en ai point? Louis vient vers nous. Dis-lui que tu as soif. — Louis, j'ai bien soif. — Tant pis, mon cher; je n'ai point d'eau. Mais je vois un puits; prends un seau; ou bien, si tu veux, bois dans le creux de ta main. — Ah! que tu es bon, Louis! je n'ai plus soif.

Leçon XIII.

La pluie.

Marc est fort mal. On craint pour ses jours. — Tant pis, je le plains : Marc a bon cœur, et il fait bien tout ce qu'il fait. Où a-t-il pris mal? — Il a pris mal au bois. Hier il eut la pluie sur le corps tout le jour. Quand il vint le soir, il dit à sa sœur : Je ne suis pas bien, j'ai froid; je vais au lit. Sa sœur lui fit du thé. Il en but, et il eut chaud. Mais il n'en est pas moins fort mal.

Leçon XIV.

Le bain et le bal.

Je vais au bal ce soir. — Et moi je vais au bain. — On me l'a dit. Le bal vaut mieux que le bain. — Tu le dis, toi? Et moi je dis que le bain vaut mieux que le bal. — C'est ce qu'on a qui vaut le mieux. Et si je vais au bal, puis au bain? — Va donc au bal, puis au bain, si tu le peux. Au bal on a bien chaud. Dans le bain on est au frais. — Oui, je vais au bal et plus tard au bain. — Et moi je vais voir un nid dans le parc; et plus tard, le bain est là, si je le veux. Je ne vais au bain que le soir.

Leçon XV.

Le drap bleu et le drap gris.

J'ai vu ton drap bleu, il est fort beau et très-bon ; je crains qu'il ne soit trop cher. — Ce qui est bon n'est pas trop cher. Et je l'ai eu à un bon prix. — Dans ce cas, tu as fait un très-bon choix. Ton goût me plaît fort. — Prends-tu du drap noir? — Non; j'ai tout ce qu'il me faut en noir. — Et du drap gris, en veux-tu? — Il m'en faut un peu pour tous les jours. Mais s'il n'est pas bon, je n'en veux pas. — Mon drap gris est très-bon ; il est plus fort que le drap bleu. — Je vois bien qu'il est plus fort ; mais il n'est pas si fin. — A quel prix me le vends-tu? — A six francs de moins que le drap bleu. — C'est un peu trop cher : à dix francs de moins je le prends et je le paie. — J'y perds ; mais prends-le. — Si tu perds, je ne le veux pas. — Prends-le, te dis-je. Ne te faut-il plus rien? Non; j'ai tout ce qu'il me faut.

Leçon XVI.

Le froid aux pieds.

Prends ta sœur par la main, et suis-moi. — Où vas-tu? — Je vais dans la cour. J'ai bien froid aux pieds et aux mains. — Quand j'ai froid aux pieds et aux mains, je fais trois fois le tour de la cour, je cours bien fort, et je n'ai plus froid. Fais ce que je dis. Cours bien fort; tu va voir. — C'est vrai; je n'ai plus froid.

Leçon XVII.

Ne vas pas au bois tout seul, à moins que tu ne sois grand.

Hier j'eus bien peur. — Et de quoi, s'il te plaît? — Je vis un gros ours dans le bois. — Le vis-tu de près? — Non; je le vis de fort loin; mais je n'en eus pas moins peur. — En ce cas, ne va plus au bois tout seul. — Jean y va bien tout seul. — Il est vrai que Jean n'a pas peur des ours; mais Jean est plus grand que toi. Quand il voit un ours, il le tue, et il en est tout fier.

Leçon XVIII.

Le chat.

D'où viens-tu si tard? — Je viens de chez mon cou-sin. Et toi, que fais-tu là? — Je prends le frais. — C'est fort bien. Il a fait chaud tout le jour. Il fait très-bon ce soir. — Qu'as-tu vu chez ton cou-sin? — J'ai vu un grand char à six roues. — Et moi j'en ai vu un à trois roues. Eh quoi! tu ris? — Oui, je ris; on ne fait pas de char à trois roues.

— On en fait, car j'en ai vu un. Crois-moi: je ne mens pas. — Mais le jour fuit, la nuit vient; on ne voit plus clair. Je m'en vais : je suis loin de chez moi. Hé ! qu'est-ce que je vois dans ce coin ? — C'est mon chat noir. Il est très-doux ; il ne mord pas. Ne crains rien ; il va fuir. Il fuit, il cour bient fort, il est déjà bien loin. Il a eu peur de nous. — C'est un bon chat. Il prit hier un gros rat sur le bord de ce trou. Le rat est la proie du chat. — Oh ! qu'il est laid, ce gros chat noir ! Il a du feu dans les yeux ; il a le poil bien long ; il fait le gros dos. Ne t'y fie pas. Je crains les chats.

Leçon XIX.

Le bruit.

Ne crie donc pas tant ; le bruit fait mal à ma mè-re. — Où donc est ta mè-re ? — Ma mè-re est près de nous. — C'est bon : dis-lui que je m'en vais. Je vais chez moi. Là je joue et je crie tant que je veux ; et nul ne se plaint ni de mes jeux ni de mes cris. — Ne pars pas si tôt ; je sais des jeux où l'on ne fait pas de bruit ; et ma mè-re va voir Frank qui n'est pas bien. Joue, crie, si tu le veux. Il n'y a que nous dans ces lieux. Ne te plains pas de ma mè-re, au moins : le bruit fait mal à bien des gens. Mais d'où vient que je joue plus que toi, et que l'on ne se plaint pas du bruit que je fais? — C'est que tu en fais moins, et que tu cries moins fort que moi. — Crois-moi, mon cher, où que tu sois, ne fais point trop de bruit; car je sais bien des gens à qui le bruit ne plaît pas plus qu'à ma mère.

Leçon XX.

Que tu sois beau ou laid, sois bon.

Mon fils est très-beau : il est bien blond; il a les yeux bleus; il a le nez bien fait; son teint est frais; il est grand et il n'est pas trop gros. Mon fils est très-bien. — Mais n'a-t-il pas le cou un peu court? Son nez n'est-il pas un peu plat? — Non, son cou n'est point court; son nez n'est point plat. Est-ce qu'on te l'a dit? — Non; mais j'ai cru le voir. — Que mon fils soit beau ou qu'il soit laid, c'est bien peu pour moi : qu'il soit bon, c'est mon vœu le plus cher.

Leçon XXI.

Les gants, les bas et le châle.

J'ai de beaux gants blancs. — Et moi j'ai un beau châle neuf. — Et mes bas gris, les as-tu vus? — Oui, je les ai vus. — Ne sont-ils pas très-beau? — Tes bas gris sont beaux;

mais ils sont trop grands pour toi. Le pied en est trop long. — Oh! que non! ils ne sont pas trop grands. — Le pied n'en est pas trop long. Ils me vont très-bien. C'est ton châle qui est trop grand pour toi. Tu n'as que dix ans. Ma sœur a vingt ans, et son châle n'est pas plus grand que le tien. — Il faut qu'un châle soit grand : il en va bien mieux. S'il est trop long, je fais un, deux ou trois plis, et je le mets au point qu'il faut. Tu vois donc bien que mon châle n'est pas trop grand. — Tes gants sont fort beaux. — S'ils sont bien à mon goût, n'est-ce pas tout ce qu'il faut?

Leçon XXII.

Le mal au bras.

Luc s'est fait mal au bras; j'ai vu la plaie : il en sort du sang noir. — Qu'as-tu dit à Luc? Je lui ai dit : Luc, je te plains bien. — C'est très-bien, mon cher. Je vois que tu as bon cœur. — Et toi, ne le plains-tu pas? — Oh! que si, je le plains : il est si bon, Luc. Je plains tous ceux qui ont du mal.

Leçon XXIII.

Ne dis pas de mal de ceux qui sont loin de toi.

As-tu vu Fritz? — Je l'ai vu hier, il a été chez moi. Sais-tu qu'il n'est pas beau? — Je sais qu'il est bon, ce qui vaut mieux. — Il a le teint brun ; il a le nez plat ; il est trop gros. — Tais-toi : ce que tu dis n'est pas bien. Si Fritz n'est pas beau, en peut-il, lui ? Et que dis-tu de moi ? — Je n'en dis pas de mal. — Tu me loues quand je suis là ; qu'en dis-tu quand je suis loin ? — Je n'en dis que du bien ; tu sais le cas que je fais de toi. — Fritz croit que tu fais cas de lui ; je sais ce qu'il en est. Ne me dis plus rien : je ne veux plus te voir. Si tu es beau, tu n'es pas bon. Fritz vaut mieux que toi, car il est bon.

Leçon XXIV.

Le bon fils.

Où va ton fils ? — Il va aux champs. — Que fait-il aux champs ? — Il y fait tout ce qu'il peut. — Que sait-il, ton fils ? — Mon fils n'a pas huit ans, il lit tout seul ; puis il est si doux, si bon ! — Quoi ! ton fils n'a que huit ans ? — Oui il est né en mil-huit-cent-vingt-deux. — Dans quel mois est-il né ? — Il est né dans le mois de juin ; il est né le sept juin. — Dès ce soir je veux le voir chez moi. S'il lit bien, s'il est doux et s'il est bon, je sais ce qu'il lui faut.

Leçon XXV.

Le pain sec.

Que fais-tu là? — Tu vois bien ce que je fais; je mords sur mon pain. — Eh! quoi! le pain tout sec? — Le pain sec est fort bon pour qui a faim. J'ai bien faim. Il est bien tard, et je n'ai rien pris; je suis à jeun. — Prends un peu de miel et mets le sur ton pain. Le pain est frais. Le miel et le pain frais, c'est fort bon. — Le miel est trop doux; je n'en veux pas. Je crains ce qui est doux. — Prends un bol de lait chaud; le lait chaud te fera du bien. Il y en a dans ce grand pot. — Le lait me fait mal. — Prends donc un fruit. — Il n'y en a point. Nos fruits ne sont pas mûrs, ils sont tout verts. — Je crois que j'ai là des noix; en veux-tu? — J'en prends six pour les manger avec mon pain; puis je bois un peu de vin. On dit que le vin est très-bon sur les noix.

Leçon XXVI.

Le clou pris dans la rue.

Tu as là un clou fort gros et fort long. Où l'as-tu pris? — Je l'ai vu à mes pieds, dans la rue, près du pont, et je l'ai pris. — Ce qui est à nos pieds, dans la rue n'est pas à nous. Rends-le, si tu m'en crois. — Je sais que ce clou n'est pas à moi; je n'y tiens pas. Je ne tiens qu'à ce qui est à moi. Mais sais-je à qui est ce clou? Bien des gens ont vu quand je l'ai pris, et nul n'a dit: Il est à moi. — Ne t'en sers pas de long-temps, au moins. — Je ne me sers que de ce qui est à moi. J'ai des clous chez moi plus que je n'en veux. — Mais n'est-ce pas un cerf qui court vers le bois? — Oh! c'est bien un cerf. — Et ce gros chien qui court vers lui? — Il y a bien plus d'un chien; il y en a deux, trois, cinq, huit. Ce sont les chiens de Paul. Ils ont pris le cerf.

Leçon XXVII.
Le rôt qui n'est pas cuit.

Le rôt n'est pas cuit ce soir : il est tout cru. Ce n'est pas du jus qu'il y a dans ce plat: C'est du sang. Veux-tu du rôt tel qu'il est? — Le rôt qui n'est pas cuit n'est pas de mon goût. N'y a-t-il rien de cuit par là? — Je n'en sais rien; je vais voir. — Vois bien ce qu'il y a; car j'ai bien faim. — Il y a du porc frais. — Est-il bien cuit? — Je le crois, car on dit qu'il y a long-temps qu'il est dans le four. On craint qu'il ne soit trop cuit. — Le porc frais n'est bon que bien cuit. — Il y a du foie de veau, en veux-tu? Le foie de veau est très-fin. — Qu'il soit de veau ou de bœuf, sers m'en un peu.

Leçon XXVIII.

Le sac de Vic-tor.

Qu'a Vic-tor, dis-moi? Il n'est plus gai. — Il se plaint qu'on lui a pris son sac. Qui que ce soit qui l'ait pris, c'est fort mal. Rends-le lui, si c'est toi qui l'a pris. — Eh! ce n'est pas moi qui lui ai pris son sac; j'en ai un plus beau que le sien. Mon sac est tout neuf et le sien est vieux. N'est-ce pas un sac que je vois dans ce coin? — Ah! c'est le sac de Vic-tor. Tiens, mon cher, prends ton sac, et ne fais plus la moue. Sois bien gai, et ne perds plus ton sac. — N'es-tu pas un peu sourd, Vic-tor? — Je ne perds pas un mot de ce que l'on me dit; je ne suis donc pas sourd. — Tes doigts sont bien noirs. — C'est le brou des noix qui les a teints. Le brou des noix teint les doigts.

Leçon XXIX.

Les Vents.

Le vent est très-fort ce soir. C'est le vent du Nord. — Non, c'est le vent du Sud. Le

Nord est vers là-haut. Le Sud est vers là-bas. Le vent d'Est vient de là. — Je crois que c'est le vent d'Ou-est. — Fais la croix, tu vas voir. Le Nord n'est-il pas là? — Eh bien! Nord, Est, Sud, Ou-est. — Je l'ai bien dit, c'est le vent du Sud. Le vent du Nord est un vent sec. Et il pleut ce soir.

Leçon XXX.

L'ail et le musc.

Qu'est-ce qui sent si fort? Je crois que c'est du musc. — C'est de l'ail que tu sens. — Oh! que non, ce n'est point de l'ail. Je suis sûr que c'est du musc. L'ail sent plus fort que le musc. L'ail ne sent pas bon, et le musc sent très-bon. L'ail ne plaît qu'à très-peu de gens. Le musc plaît à bien des gens. Moi, je crains l'ail, et le musc me plaît quand il n'y en a point trop. — Et moi je crains l'ail et le musc. Je crains l'ail plus que le musc. L'ail me fait fuir, tant il est fort. — Viens au grand air: je sens que le musc me fait mal. — Je te suis dans la cour. — Bon! je ne sens plus rien.

TROISIÈME PARTIE.

MOTS DE DEUX SYLLABES.

A-mi	pa-pa	cy-gne	mi-di
ho-là	sol-dat	ma-ri	Da-vid
du-el	Et-na	ra-me	ar-me
ri-re	Fran-ce	mû-re	tom-beau
Sa-ra	i-ci	nap-pe	An-glais
ab-bé	mar-tyr	le-çon	A-bel
nei-ge	Ty-rol	gar-çon	ha-sard
dis-cours	Chi-nois	por-trait	Rou-en
tail-leur	Con-sul	tra-vail	car-can
jo-li	ven-dre	bû-cher	Bé-fort
hi-ver	men-ton	Ju-dith	pom-pe
tem-ple	Ver-dun	sa-pin	cri-stal
No-ël	scep-tre	bour-geois	ex-il
ti-ge	bre-bis	Stras-bourg	é-té
bor-gne	Col-mar	vi-gne	huile
or-gueil	Hec-tor	cer-cueil	poi-gnée
ser-pent	bon-heur	dra-peau	Suis-se
pi-geon	ma-çon	pay-san	buf-fle
che-vreuil	Ro-me	cha-peau	cru-che
phra-se	mou-che	fau-bourg	Pa-ris
tor-tue	Na-ples	A-sie	cail-lou
Tur-quie	Ma-drid	brouil-lard	Rus-sie

zé-phir   Di-jon   cueil-lir   Juil-let
a-gneau   Nan-cy   é-poux   Bor-deaux
oi-gnon   fi-gue   ta-ble   per-drix
Mu-tzig   so-leil   Vos-ges   jau-ne
treil-le   se-cond   sta-tue   Sei-ne
hum-ble   Au-tun   poi-son   pois-son
bois-son   pu-ce   pou-ce   pous-se

MOTS DE TROIS SYLLABES.

O-pé-ra   é-gli-se   gé-né-ral
voi-tu-re   gram-mai-re   Sa-mu-el
for-tu-ne   car-di-nal   mas-sa-cre
vé-ri-té   Por-tu-gal   puis-san-ce
a-vo-cat   É-gyp-te   mé-de-cin
Sa-lo-mé   Is-ra-ël   en-ne-mi
dé-pu-té   tri-bu-nal   vi-tri-ol
ca-rê-me   Gi-bral-tar   mys-tè-re
é-nig-me   I-ta-lie   hor-lo-ge
Wür-tem-berg   Am-ster-dam   cy-lin-dre
Lis-bon-ne   om-bra-ge   ros-si-gnol
a-beil-le   ci-go-gne   A-fri-que
ci-to-yen   Ge-nè-ve   cor-beil-le
cui-si-ne   pré-ju-gé   jus-tes-se
Stras-bour-geois   ap-pé-tit   cru-ci-fix
A-fri-cain   ca-ba-ret   Lor-rai-ne
Lieu-te-nant   ba-lei-ne   sau-cis-se

meur-tri-er   cou-leu-vre   bou-teil-le
guir-lan-de   pa-rois-se   quin-zai-ne
noi-set-te   Guil-lau-me   ré-gi-ment
pro-phè-te   Pha-ra-on   gi-ro-flée
Beth-lé-hem   Be-san-çon   dé-jeû-ner
Pé-ters-bourg   pa-pil-lon   ja-cin-the
au-jour-d'hui   jon-quil-le   tis-se-rand
sem-bla-bles   pe-san-teur   re-pous-ser
promp-te-ment   pro-mes-se   ter-ras-ser
pa-trouil-le   ci-trouil-le chro-ni-que
fa-ça-de   ac-ci-dents   lec-tu-res

MOTS DE QUATRE, CINQ, SIX ET SEPT SYLLABES.

Fi-dé-li-té   Con-stan-ti-no-ple
phi-lo-so-phie   vi-cis-si-tu-de
fri-pon-ne-rie   ir-ré-sis-ti-ble
al-lu-met-te   Mé-di-ter-ra-née
as-si-stan-ce   La-cé-dé-mo-nien
é-pi-ce-rie   ob-ser-va-toi-re
Em-ma-nu-el   i-né-bran-la-ble
fé-li-ci-té   in-qui-é-tu-des
A-mé-ri-que   ma-gni-fi-cen-ce
Di-vi-ni-té   ré-pu-ta-ti-on
hé-ro-ï-que   é-ter-nel-le-ment
hon-nê-te-té   a-gi-ta-tion

pres-by-tè-re	re-con-nais-san-ce
im-pos-si-ble	in-tel-li-gen-ce
qua-dru-pè-de	pen-si-on-nai-re
Al-le-ma-gne	or-to-gra-phi-que
sau-te-rel-le	mal-heu-reu-se-ment
gé-o-gra-phie	né-ces-sai-re-ment
é-cré-vis-se	in-con-tes-ta-ble
re-splen-dis-sant	u-ni-ver-si-té
su-per-che-rie	cor-di-a-li-té
qua-tor-ziè-me	in-di-gna-tion
o-ri-gi-nal	in-ex-o-ra-ble
dés-es-pé-ré	con-ver-sa-tion
hy-po-cri-te	hu-mi-li-a-tion
am-bas-sa-deur	in-fail-li-bi-li-té
ma-ho-mé-tan	qua-li-fi-ca-tion
a-bon-dan-ce	né-go-ci-a-tion
der-ni-è-re	dés-o-bé-is-san-ce
hi-ron-del-le	mu-ni-ci-pa-li-té
é-qui-vo-que	in-va-ri-a-bi-li-té
dé-par-te-ment	ir-ré-pro-cha-ble-ment
Na-po-li-tain	en-se-ve-lis-se-ment
a-van-ta-geux	in-di-vi-si-bi-li-té
ar-til-le-rie	ac-ci-den-tel-le-ment
Mis-sis-si-pi	al-ter-na-ti-ve-ment
glo-rieu-se-ment	u-ni-ver-sel-le-ment
cor-rup-tion	ad-mi-nis-tra-tif

LECTURES SUR L'HISTOIRE NATURELLE.

L'hom-me.

A-vez-vous dé-jà ré-flé-chi, mon cher en-fant, à l'ex-cel-len-ce de vo-tre ê-tre? Con-nais-sez-vous vo-tre su-pé-rio-ri-té en qua-li-té d'hom-me, sur tous les au-tres a-ni-maux? L'hom-me est le roi de la ter-re; tous les a-ni-maux vien-nent ram-per à ses pieds; il s'at-ta-che les plus do-ci-les et sou-met les plus fé-ro-ces. Seul, il jou-it du spec-ta-cle de la na-tu-re; tous les au-tres ê-tres sem-blent at-ta-chés à la ter-re, lui seul é-lè-ve ses yeux et son cœur vers son au-teur. Il est ca-pa-ble de le con-naî-tre, et plein de re-con-nais-san-ce, il l'a-do-re, il l'ai-me. Voi-là l'hom-me dans son é-tat pri-mi-tif; mais quand les pas-sions vien-nent l'as-sail-lir, quand il y suc-combe, que l'hom-me est dif-férent de lui-même! L'i-gno-ran-ce le met au rang des bru-tes les plus stu-pi-des, et les pas-sions le dé-na-tu-rent.

Les en-fants ne sont pas mé-chants, dit-on; mais la so-cié-té, les mau-vai-ses com-pa-gnies, les mau-vais ex-em-ples les gâ-tent bien-tôt. Si dé-jà vous a-vez res-sen-ti les fu-nes-tes ef-fets de la com-pa-gnie des mé-chants, fu-yez la, re-de-ve-nez en-fant, so-yez bon.

On di-vi-se la vie de l'hom-me en qua-tre â-ges, l'en-fan-ce ou le prin-temps de la vie, l'a-do-les-cen-ce, l'â-ge vi-ril et la vieil-les-se. Quand on ne s'est pas oc-cu-pé dans les pre-miers â-ges de la vie, on ne sait quoi de-ve-nir dans les au-tres, et on meurt, pour ain-si di-re, sans a-voir vé-cu.

L'e-xer-ci-ce des sens nous est com-mun a-vec tous les a-ni-maux. Il y en a cinq, la vue, l'ou-ïe, l'o-do-rat, le goût et le tou-cher. On ap-pe-l-le or-ga-ne des sens les par-ties de no-tre corps qui ser-vent à por-ter à no-tre â-me les di-ver-ses sen-sa-ti-ons que nous é-prou-vons; ain-si les yeux sont l'or-ga-ne de la vue; les o-reil-les ce-lui de l'ou-ïe; le nez sert à l'o-do-rat; le pa-lais est pour le goût; le sens du tou-cher est par tout no-tre corps, mais par-ti-cu-liè-rement dans nos doigts.

Con-si-dé-ré com-me es-pè-ce, l'hom-me a plu-sieurs va-rié-tés, on les dis-tin-gue par la cou-leur, la tail-le et d'au-tres ac-ci-dents oc-ca-sion-nés par le cli-mat et l'é-du-ca-tion.

Le li-on.

Le li-on est ap-pe-lé le roi des a-ni-maux; c'est le plus fort des qua-dru-pè-des, le plus cou-ra-geux et le plus ma-gna-ni-me; il ne craint pas d'at-ta-quer l'é-lé-phant et le rhi-no-cé-ros, bien plus gros que lui. Il a la fi-gu-re im-po-san-te, le re-gard as-su-ré, la dé-mar-che fiè-re, la voix ter-ri-ble. Les plus grands ont huit à neuf pieds de lon-gueur, de-puis le mu-fle jus-qu'à l'o-ri-gi-ne de la queue, qui est el-le-mê-me lon-gue d'en-vi-ron qua-tre pieds: ces grands lions ont qua-tre ou cinq pieds de hau-teur. Mais il y en a qui sont beau-coup plus pe-tits. La tê-te du lion est cou-ver-te de poils longs et touf-fus, et son cou est or-né d'une cri-niè-re. Il ha-bi-te les pays les plus chauds de l'A-sie et de l'A-fri-que.

La lion-ne, qui est dé-pour-vue de le cri-niè-re, est un par-fait mo-dè-le d'a-mour ma-ter-nel. Lors-qu'el-le a per-du ses pe-tits, el-le pour-suit ceux qui les lui ont en-le-vés, à tra-vers les pré-ci-pi-ces les plus dan-ge-reux et jus-que dans la mer.

Le ru-gis-se-ment du lion res-sem-ble au rou-le-ment du ton-ner-re; il é-pou-van-te tous les a-ni-maux du dé-sert. Le cri qu'il fait lors-qu'il est en co-lè-re est en-co-re plus ter-ri-ble que le ru-gis-se-ment: a-lors il se bat les flancs de sa queue, il en bat la ter-re, il a-gi-te sa cri-niè-re, fait mou-voir la peau de sa fa-ce, re-mue ses gros sour-cils, mon-tre des dents me-na-çan-tes, et ti-re sa lan-gue ar-mée de poin-tes ex-trê-me-ment du-res.

Lors-qu'il sau-te sur sa proie, il fait un bond de dou ze à quin-ze pieds, tom be des-sus, la sai-sit a-vec les pat-tes de de-vant, la dé-chi-re a-vec les on-gles, et en sui-te la dé-vo-re a-vec les dents. Il a, com me les chats, l'a-van-ta-ge de voir dans les té-nè-bres. On a vu un li-on pren-dre dans sa gueu-le un veau, le por-ter a-vec la mê-me fa-ci-li-té qu'un chat por-te une sou-ris, et fran-chir un fos-sé très-lar-ge a-vec beau-coup d'ai-san-ce, tout en te-nant tou-jours sa proie en-tre ses dents.

Quel-que ter-ri-ble que soit cet a-nim-al, on ne lais-se pas de lui don-ner la chas-se a-vec des chiens de gran-de tail-le et bien ap-pu-yés par des hom-mes à che-val; on le dé-lo-ge, on le fait re-ti-rer; mais il faut que les chiens et les che-vaux soient a-guer-ris au-pa-ra-vant, car pres-que tous les a-ni-maux fré-mis-sent et s'en-fui-ent à la seu-le o-deur du li-on. On le prend sou-vent par a-dres-se, com-me nous pre-nons les loups, en le fai-sant tom-ber dans une fos-se pro-fon-de qu'on re-cou-vre de ma-tiè-res lé-gè-res, au-des-sus des-quel-les on at-ta-che un a-ni-mal vi-vant. Le li-on de-vient doux dès qu'il est pris, et si l'on pro-fi-te des pre-miers mo-ments de sa sur-pri-se ou de sa hon-te, on peut l'at-ta-cher, le mu-se-ler, et le con-dui-re où l'on veut. On l'a vu, ré-duit en cap-ti-vi-té, pren-dre des ha-bi-tu-des dou-ces, o-bé-ir à son maî-tre, flat-ter la main qui le nour-rit, et don-ner la vie à ceux qu'on a-vait dé-vou-és à la mort, en les lui je-tant pour proie.

Le ti-gre.

Le ti-gre est le plus cru-el des a-ni-maux. Aus-si est-il plus à crain-dre que le li-on : ce-lui-ci sou-vent ou-blie qu'il est le roi, c'est-à-dire, le plus fort de tous les a-ni-maux ; mar-chant d'un pas tran-quil-le, il n'at-ta-que ja-mais l'hom-me, à moins qu'il ne soit pro-vo-qué ; il ne court, il ne chas-se que quand la faim le pres-se. Le ti-gre au con-trai-re, quoi-que ras-sa-sié de chair, sem-ble tou-jours ê-tre al-té-ré de sang ; il dé-so-le le pays qu'il ha-bi-te, il ne craint ni l'as-pect ni les ar-mes de l'hom-me ; il é-gor-ge, il dé-vas-te les trou-peaux d'a-ni-maux do-mes-ti-ques, met à mort tou-tes les bê-tes sau-va-ges, at-ta-que les pe-tits é-lé-phants, les jeu-nes rhi-no-cé-ros, et quel-que-fois mê-me o-se bra-ver le li-on.

Le ti-gre, long de corps, bas sur ses jam-bes, la tê-te nue, les yeux ha-gards, la lan-gue cou-leur de sang et tou-jours hors de la gueu-le, n'a que les ca-rac-tè-res de la bas-se mé-chan-ce-té et de l'in-sa-ti-a-ble cru-au-té ; il n'a pour tout ins-tinct qu'u-ne ra-ge con-stan-te, u-ne fu-reur a-veu-gle, qui ne con-naît, qui ne dis-tin-gue rien, et qui lui fait sou-vent dé-vo-rer ses pro-pres en-fants, et dé-chi-rer leur mè-re lors-qu'el-le veut les dé-fen-dre.

Heu-reu-se-ment pour le res-te de la na-ture, l'es-pè-ce n'en est pas nom-breu-se, et pa-raît con-fi-née aux cli-mats les plus chauds de l'In-de o-rien-ta-le. Le ti-gre y fré-quen-te les bords des fleu-ves et des lacs ; car com-me le sang ne fait que l'al-té-rer, il a sou-vent be-soin d'eau pour tem-pé-rer l'ar-deur qui le con-su-me ; et d'ail-leurs il at-tend près des eaux les a-ni-maux qui y ar-ri-vent et que la cha-leur du cli-mat con-traint d'y ve-nir plu-sieurs fois cha-que jour ; c'est là qu'il mul-ti-plie ses mas-sa-cres.

Le ti-gre est peut-ê-tre le seul de tous les a-ni-maux dont on ne puis-se flé-chir le na-tu-rel : ni la for-ce, ni la con-train-te, ni la vi-o-len-ce ne peu-vent le dom-pter. Il s'ir-ri-te des bons com-me des mau-vais trai-te-ments ; la dou-ce ha-bi-tu-de, qui peut tout, ne peut rien sur cette na-tu-re de fer ; le temps, loin de l'a-mol-lir, ne fait qu'ai-grir le fiel de sa ra-ge ; il dé-chi-re la main qui le nour-rit com-me cel-le qui le frap-pe ; il ru-git à la vue de tout ê-tre vi-vant ; cha-que ob-jet lui pa-raît u-ne nou-vel-le proie, qu'il dé-vo-re d'a-van-ce de ses re-gards a-vi-des, qu'il me-na-ce par des fré-mis-se-ments af-freux mê-lés d'un grin-ce-ment de dents, et vers le-quel il s'é-lan-ce sou-vent mal-gré les chaî-nes et les gril-les qui bri-sent sa fu-reur sans pou-voir la cal-mer.

L'ours.

L'ours est un qua-dru-pè-de hi-deux à voir. Il y en a de dif-fé-ren-tes es-pè-ces : l'ours noir, l'ours brun et l'ours blanc ou l'ours de la mer gla-ci-a-le. Cet a-ni-mal, très-com-mun en Eu-ro-pe, est non seu-le-ment sau-va-ge, mais so-li-tai-re ; il fuit par in-stinct tou-te so-cié-té : il s'é-loi-gne des lieux où l'hom-me a ac-cès ; il ne se trou-ve à son ai-se que dans les en-droits qui ap-par-tien-nent à la vieil-le na-tu-re ; une ca-ver-ne an-ti-que dans des ro-chers in-ac-ces-si-bles, une grot-te for-mée par le temps dans le tronc d'un vieux ar-bre, au mi-lieu d'u-ne é-pais-se fo-rêt, lui ser-vent de do-mi-ci-le ; il s'y re-ti-re seul, y pas-se u-ne par-tie de l'hi-ver sans pro-vi-sions, et sans en sor-tir pen-dant plu-sieurs se-mai-nes. Ce-pen-dant il n'est point en-gour-di ni pri-vé de sen-ti-ment com-me le loir et la mar-mot-te ; mais com-me il est na-tu-rel-le-ment gras, et qu'il l'est ex-ces-si-ve-ment sur la fin de l'au-tom-ne, temps au-quel il se re-cè-le, cet-te a-bon-dance de grais-se lui fait sup-por-ter l'ab-sti-nen-ce, et il ne sort de sa ta-niè-re que lors-qu'il se sent af-fa-mé.

La voix de l'ours est un gron-de-ment, un gros mur-mure, sou-vent mê-lé d'un fré-mis-se-ment de dents qu'il fait sur-tout en-ten-dre lors-qu'on l'ir-ri-te; il est très-sus-cep-ti-ble de co-lè-re. Quoi-qu'il pa-rais-se doux pour son maî-tre, et mê-me o-bé-is-sant lors-qu'il est ap-pri-voi-sé, il faut tou-jours s'en dé-fi-er, et le trai-ter avec cir-con-spec-tion, sur-tout ne pas le frap-per au bout du nez. On lui ap-prend à se te-nir de-bout, à ges-ti-cu-ler, à dan-ser, il sem-ble mê-me é-cou-ter le son des ins-tru-ments, et sui-vre gros-siè-re-ment la mesure; mais pour lui don-ner cet-te es-pè-ce d'é-du-ca-tion, il faut le pren-dre jeu-ne, et le con-train-dre pendant toute sa vie.

L'ours sau-va-ge ne se dé-tour-ne pas de son che-min, ne fuit pas à l'as-pect de l'hom-me; ce-pen-dant on dit, que par un coup de sif-flet on le sur-prend, on l'é-ton-ne au point qu'il s'ar-rête et se lè-ve sur les pieds de der-rière. C'est le temps qu'il faut pren-dre pour le ti-rer, et tâ-cher de le tu-er; car s'il n'est que bles-sé, il vient de fu-rie se je-ter sur le ti-reur, et, l'em-bras-sant des pat-tes de de-vant, il l'é-touf-fe-rait s'il n'é-tait se-cou-ru. Ce-pen-dant on pré-tend que si l'hom-me sai-si con-tre-fait le mort, l'ours l'a-ban-don-ne. Le mo-yen le plus sûr est de grim-per sur un ar-bre, et de cou-per les pat-tes à l'ours quand il vous y pour-suit. L'ours s'en-i-vre sou-vent en man-geant du rai-sin ; quel-que-fois aus-si le chas-seur met du miel dans de l'eau-de-vie ; l'ours, très-fri-and de mi-el, se sou-le, et est pris fa-ci-le-ment.

L'é-lé-phant.

L'é-lé-phant est le plus gros des qua-dru-pè-des ; il ha-bi-te les cli-mats chauds de l'A-sie et de l'A-fri-que, et re-cher-che les fo-rêts épais-ses, les bords des fleu-ves et les lieux hu-mi-des. Ses jam-bes in-for-mes sou-tien-nent un corps é-pais et sans sou-ples-se. On a-per-çoit à pei-ne sa pe-ti-te queue, tan-dis que de lar-ges o-reil-les om-bra-gent am-ple-ment les deux cô-tés de sa tê-te. Ses yeux sont pe-tits en pro-por-tion de sa tail-le é-nor-me. Ce qu'il y a de plus ex-tra-or-di-nai-re, c'est que son nez se pro-lon-ge de plu-sieurs pieds. Mais cet a-ni-mal, for-mé avec si peu d'é-lé-gan-ce est dou-é d'u-ne gran-de in-tel-li-gen-ce et de beau-coup d'a-dres-se. Ce nez si long et si fle-xi-ble lui sert de main. A l'ai-de de ce nez, qu'on ap-pel-le trom-pe, il pour-voit à

tous ses be-soins, pui-se de l'eau, cueil-le les
her-bes et les fleurs, dé-noue les cor-des, ou-
vre et fer-me les por-tes, dé-bou-che les bou-
teil-les, ra-mas-se par ter-re la plus pe-ti-te
piè-ce de mon-naie; en un mot, il fait pres-
que tout ce que nous fai-sons a-vec nos doigts.
Quand il a soif, il rem-plit d'eau cette trom-pe,
et boit en-sui-te, com-me s'il vi-dait u-ne bou-
teil-le. Il se nour-rit d'her-bes, de feuil-les,
de fruits et de grains. Il man-ge en-vi-ron cent
cin-quan-te li-vres d'her-bes par jour.

Ce qui dis-tin-gue en-core l'é-lé-phant, ce
sont deux é-nor-mes dents, qui lui sor-tent
de la bou-che de cha-que cô-té de la trom-pe,
et qu'on ap-pel-le dé-fen-ses. Ces dé-fen-ses sont
des ar-mes ter-ri-bles, dont il é-pou-van-te les
a-ni-maux les plus fé-ro-ces: el-les four-nis-sent
u-ne ma-tiè-re pré-cieu-se, ap-pe-lée i-voi-re;
el-les pè-sent jus-qu'à cent li-vres cha-cune.
Il y a des é-lé-phants qui ont jus-qu'à quin-ze
pieds de hau-teur; le dos est lar-ge de six pieds.
L'é-lé-phant de-vient, par l'é-du-ca-tion, un
a-ni-mal do-mes-ti-que. U-ne fois dom-pté, il
est le plus doux et le plus pa-tient de tous les
a-ni-maux: il s'at-ta-che à ce-lui qui le soi-gne;
il le ca-res-se, le pré-vient et sem-ble de-vi-
ner tout ce qui peut lui plai-re. En peu de
temps il vient à bout de com-pren-dre les signes et mê-me la pa-ro-le. Il re-çoit les or-dres

de son maî-tre a-vec at-ten-ti-on, les ex-é-cu-te
a-vec pru-den-ce et em-pres-se-ment. On lui
ap-prend ai-sé-ment à flé-chir le ge-nou, pour
don-ner plus de fa-ci-li-té à ceux qui veu-lent
le mon-ter. Il tra-vail-le sans se re-bu-ter,
pour-vu qu'on ne l'in-sul-te pas par des coups
don-nés mal-à-pro-pos. Un é-lé-phant do-mes-
ti-que rend au-tant de ser-vi-ces que six che-
vaux.

Le ren-ne.

Le ren-ne res-sem-ble as-sez au cerf, et
por-te, com-me lui, un bois qui se di-vi-se
en pe-ti-tes cor-nes. La hau-teur de ce qua-
dru-pè-de est en gé-né-ral de qua-tre pieds.
Il ha-bi-te les cli-mats froids du Nord; ses
pieds sont très-longs et fort lar-ges, ce qui
lui don-ne la fa-ci-li-té de mar-cher sur la
nei-ge, et l'em-pê-che de s'y en-fon-cer trop
pro-fon-dé-ment. Il rem-pla-ce, à lui seul,
pour les ha-bi-tants de la La-po-nie, le che-
val, la va-che, la chè-vre, et la bre-bis; et
fait leur seu-le ri-ches-se. On s'en sert, com-
me du che-val, pour ti-rer des traî-neaux,
des voi-tu-res. Son lait leur pro-cure du fro-
ma-ge, sa chair u-ne nour-ri-tu-re ex-cel-
len-te, son poil u-ne bon-ne four-ru-re, sa
peau des vê-te-ments, ses nerfs des cor-des
pour leurs arcs et du fil à cou-dre, et ses os

des cuil-lè-res. La nour-ri-tu-re de cet a-ni-mal pen-dant l'hi-ver est u-ne mous-se blan-che qu'il sait trou-ver sous les nei-ges é-pais-ses a-vec ses pieds et son bois; en é-té il vit de bou-tons et de feuil-les d'ar-bres et de tou-tes sor-tes de plan-tes.

La vi-tes-se du ren-ne est in-cro-ya-ble : on as-su-re qu'un La-pon, a-vec un-e pai-re de ren-nes at-te-lés à son traî-neau, peut par-cou-rir qua-ran-te lieu-es en un jour. Ces a-ni-maux sont doux; on en fait des trou-peaux, qui rap-por-tent beau-coup de pro-fit à leur maî-tre.

Le cha-meau.

Ce que le ren-ne est pour les pau-vres ha-bi-tants de la La-po-nie et du Grön-land, le cha-meau l'est pour quel-ques peu-ples de l'O-ri-ent et prin-ci-pa-le-ment pour les A-ra-bes. Il y en a deux va-rié-tés : le dro-ma-dai-re et le cha-meau pro-pre-ment dit. Ce-lui-ci a deux bos-ses, tan-dis que le pre-mier n'en a qu'u-ne. Le cha-meau est des-ti-né à vi-vre dans des con-trées sa-blon-neu-ses, a-ri-des et brû-lées du so-leil. Sa hau-teur est d'en-vi-ron six pieds, et son corps est cou-vert d'un poil brun ou châ-tain. Il se con-ten-te de peu de nour-ri-tu-re, et peut res-ter jus-qu'à huit jours sans boi-re. Les A-ra-bes re-gar-dent le cha-meau com-me un pré-sent du ciel. Rien, en ef-fet, n'é-ga-le pour eux l'u-ti-li-té de cet a-ni-mal, tout dif-forme qu'il est. Ils se nour-ris-sent de son lait et de sa chair, et son poil leur four-nit des vê-te-ments ; il trans-por-te les plus lourds far-deaux et tra-ver-se le dé-sert a-vec u-ne ra-pi-di-té ex-tra-or-di-nai-re. On peut l'ap-pe-ler a-vec rai-son le na-vi-re du dé-sert.

La char-ge du cha-meau est de dix à dou-ze quin-taux, et a-vec ce far-deau il fait dou-ze li-eu-es par jour ; sans char-ge, il par-court en un seul jour jus-qu'à cin-quan-te lieu-es. Il est dou-é de la fa-cul-té de dé-cou-vrir u-ne sour-ce à u-ne de-mi-lieue de dis-tan-ce. Il a deux es-to-macs, dans l'un des-quels il peut con-ser-ver l'eau pen-dant plu-sieurs jours. Lors-que les vo-ya-geurs é-prou-vent u-ne gran-de di-set-te d'eau, ils pren-nent le par-ti de tu-er un cha-meau, pour boi-re l'eau qui est con-te-nue dans son es-to-mac, et qui est tou-jours dou-ce et sa-lu-bre.

Le cerf.

Voi-ci l'un de ces a-ni-maux in-no-cents, doux et tran-quil-les, qui ne sem-blent ê-tre faits que pour em-bel-lir, a-ni-mer la so-li-tu-de des fo-rêts, et oc-cu-per loin de nous

les re-trai-tes pai-si-bles de ces jar-dins de la
na-tu-re. Sa for-me est é-lé-gan-te et lé-gè-re,
sa taille bien pri-se, ses mem-bres fle-xi-bles
et ner-veux ; il por-te sur la tê-te des cor-nes
bran-chues qui se re-nou-vel-lent tous les ans.
La fe-mel-le du cerf se nom-me bi-che ; el-le
est plus pe-ti-te que lui ; elle n'a pas de bois ;
son pe-tit s'ap-pel-le faon. Le cerf au prin-
temps, se nour-rit de jeu-nes bour-geons, et
en hi-ver il man-ge l'é-cor-ce des ar-bres.
La chas-se du cerf, cet-te chas-se des rois et
des prin-ces, est des plus bel-les et des plus
cu-rieu-ses. Le faon four-nit un a-li-ment
ten-dre et a-gré-a-ble ; la chair de bi-che n'est
pas mau-vai-se ; cel-le du cerf ne vaut rien,
ex-cep-té les fi-lets qui sont ex-cel-lents. On em-
ploie la cor-ne de cerf à fai-re des man-ches
de cou-teaux ou des tê-tes de can-nes ou de pa-
ra-pluies. Le cerf est fa-ci-le à ap-pri-voi-ser.

Le sin-ge.

Les sin-ges sont de tous les a-ni-maux ceux
qui ap-pro-chent le plus de la for-me et de la
fi-gu-re hu-mai-nes. Ces a-ni-maux ont un in-
stinct par-ti-cu-lier pour con-naî-tre ceux qui
leur font la guer-re, et cher-cher les mo-yens,
quand ils sont at-ta-qués, de se dé-fen-dre.
Leurs ar-mes sont des bran-ches d'ar-bre qu'ils

cas-sent, des cail-loux qu'ils ra-mas-sent, et leurs ex-cré-ments qu'ils re-çoi-vent dans leurs mains : ils jet-tent tout ce-la à la tê-te de leurs en-ne-mis. Si quel-qu'un d'en-tre eux est bles-sé, ils cri-ent d'u-ne ma-niè-re é-pou-van-ta-ble, et re-dou-blent d'ar-deur. Les sin-ges ai-ment à man-ger des fruits, sur-tout du rai-sin et des pom-mes, des fleurs, des vers, des a-rai-gnées, des poux et d'au-tres ver-mi-nes.

Le sin-ge est tel-le-ment i-mi-ta-teur, mê-me dans l'é-tat sau-va-ge, que lors-que les co-lons de l'A-mé-ri-que con-ti-nen-ta-le ont à mois-son-ner un champ, ils pren-nent le temps où les sin-ges les re-gar-dent; ils com-men-cent l'ou-vra-ge et boi-vent de la biè-re; ils se re-ti-rent; et en leur ab-sen-ce les sin-ges a-chè-vent et l'ou-vra-ge et la biè-re. On pré-tend qu'un sin-ge pri-vé a-yant vu un hom-me se ra-ser, vou-lut fai-re com-me lui; mais il se bles-sa et fail-lit se cou-per le cou.

Il est tom-bé sous les yeux du cé-lè-bre Buf-fon un sin-ge qui a-vait u-ne sa-ga-ci-té ex-tra-or-di-nai-re et un ta-lent tout par-ti-cu-lier pour l'i-mi-ta-ti-on. Il mar-chait sur deux pieds, et mê-me en por-tant des cho-ses pe-san-tes; il a-vait tou-jours de la gra-vi-té dans son main-tien. Cet a-ni-mal é-tait cir-cons-pect et ré-flé-chi; le re-gard suf-fis-ait pour le fai-re a-gir. « Je l'ai vu, dit Buf-fon, pré-sen-ter la main à la com-pa-gnie pour la re-con-dui-re à la por-te; je l'ai vu se met-tre à ta-ble, dé-pli-er sa ser-vi-et-te, s'en es-suyer les lè-vres, se ser-vir de la cuil-lè-re et de la four-chet-te pour por-ter à sa bou-che, verser lui-même sa bois-son dans un ver-re, le cho-quer quand il y é-tait in-vi-té, al-ler prendre u-ne tas-se a-vec sa sou-cou-pe, et les apporter sur la ta-ble, y met-tre du su-cre, y verser du thé, le lais-ser re-froi-dir pour le boi-re, et tout cela sans le moin-dre si-gne de son maî-tre, et sou-vent sans en ê-tre pri-é. »

Le chien.

Cet a-ni-mal très-fa-mi-li-er, do-cile, o-béis-sant, aus-si vi-gil-ant que sûr, est vraiment fait pour ê-tre le ser-vi-teur et l'a-mi de l'hom-me. Il ou-blie ai-sé-ment les mauvais trai-te-ments qu'il re-çoit, et gar-de long-temps le sou-ve-nir des bons. Tou-jours prêt à dé-fen-dre, au pé-ril de ses jours, la vie et les in-té-rêts de son maî-tre, il le suit partout, lui fait com-pa-gnie, le flat-te, le ca-res-se. S'il fait u-ne fau-te, il vient a-vec do-ci-li-té en re-ce-voir le châ-ti-ment; il lè-che la main qui le frap-pe. Quel-que dur et bar-ba-re que soit son maî-tre, il re-tour-ne tou-jours au-près de lui. In-sen-si-ble aux douceurs d'u-ne con-di-tion meil-leu-re, il res-te at-ta-ché au maî-tre le plus in-di-gent et le plus mi-sé-ra-ble.

Com-bien de ser-vi-ces im-por-tants ne rend pas le chien! Il a-boie aus-si-tôt qu'un é-tran-ger ou un in-con-nu se pré-sen-te; il nous a-ver-tit de tout ce qui se pas-se au-tour de nous et de nos mai-sons; gar-dien fi-dè-le, il il dé-fend les trou-peaux, les ras-sem-ble et les con-duit; chas-seur in-fa-ti-ga-ble, il ai-de à dé-cou-vrir et à sai-sir u-ne fou-le d'au-tres a-ni-maux. On lui ap-prend à dan-ser de-bout, à jou-er de pe-ti-tes pa-ra-des, et à fai-re dif-fé-ren-tes gen-til-les-ses. Il va cher-cher à plu-sieurs lieu-es les cho-ses que l'on a ou-bli-ées ou per-dues, il sait con-dui-re un pau-vre a-veu-gle de-vant les mai-sons où il veut de-man-der l'au-mô-ne.

Il y a beau-coup d'es-pè-ces de chiens; mais les na-tu-ra-lis-tes re-gar-dent le chien de ber-ger com-me la sou-che de tous les au-tres. La du-rée de la vie des chiens est de qua-tor-ze à dix-huit ans. Ils sont su-jets à u-ne ma-la-die ter-ri-ble, qui rend leur mor-su-re mor-tel-le, c'est la ra-ge. Lors-qu'un de ces a-ni-maux mon-tre de l'a-bat-te-ment, il est tou-jours pru-dent de s'en é-loi-gner. Les en-fants sur-tout doi-vent é-vi-ter la ren-con-tre de tout chien é-tran-ger. La ra-ge est la plus fré-quen-te dans les for-tes cha-leurs de l'é-té. Il faut, pour en pré-ser-ver les chiens, les bien nour-rir, et sur-tout ne pas les lais-ser man-quer d'eau.

Le loup.

Le loup est plus grand que le chien, au-quel il res-sem-ble d'ail-leurs beau-coup. La cou-leur de son poil est un mé-lan-ge de noir, de brun et de gris. Il a la tê-te lon-gue, le nez ef-fi-lé, et des o-reil-les é-troi-tes et poin-tues. Ses yeux sont é-tin-ce-lants et d'u-ne cou-leur ver-te; sa queue touf-fue traî-ne pres-que à ter-re: tous ses traits an-non-cent u-ne ex-trê-me fé-ro-ci-té.

Il est na-tu-rel-le-ment gros-sier et pol-tron; mais il de-vient in-gé-ni-eux par be-soin et har-di par né-ces-si-té : pres-sé par la faim, il bra-ve tous les dan-gers. Il est sur-tout fri-and de la chair du bé-tail. Il a beau-coup de for-ce, sur-tout dans les mus-cles du col et de la mâ-choi-re. Il por-te a-vec sa gueu-le un mou-ton, sans le lais-ser tou-cher à ter-re, et court en mê-me temps plus vi-te que les ber-gers, en sor-te qu'il n'y a que les chiens qui puis-sent l'at-tein-dre et lui fai-re lâ-cher pri-se.

On a vu des loups sui-vre les ar-mées, ar-ri-ver en nom-bre à des champs de batail-le où l'on n'a-vait en-ter-ré que né-gli-gem-ment les corps, les dé-cou-vrir, les dé-vo-rer a-vec u-ne in-sa-tia-ble a-vi-di-té; et ces mê-mes loups, ac-cou-tu-més à la chair hu-mai-ne, se je-ter en-sui-te sur les hom-mes, at-ta-quer le ber-ger plu-tôt que le trou-peau, dé-vo-rer des fem-mes, em-por-ter des en-fants. L'on a ap-pe-lé ces mau-vais loups, loups ga-roux, c'est-à-dire, loups dont il faut se ga-rer.

Dés-a-gré-a-ble en tout, l'as-pect sau-va-ge, la voix ef-fra-yan-te, l'o-deur in-sup-por-ta-ble, le na-tu-rel per-vers, les mœurs fé-ro-ces, le loup est o-dieux, nui-si-ble de son vi-vant, et in-u-ti-le a-près sa mort. Aus-si de-vient-il tou-jours plus ra-re dans les con-trées ha-bi-tées, par-ce que par-tout les hom-mes lui font la guer-re, com-me à un en-ne-mi dan-ge-reux.

Le re-nard.

Le re-nard est le plus ru-sé de tous les a-ni-maux de proie. Il é-ta-blit son do-mi-ci-le au bord des bois, aux en vi-rons des vil-la-ges; il sait le ren-dre très-com-mo-de, et cher-che tou-jours à en dé-ro-ber l'en-trée à la vue. Il é-cou-te le chant des coqs et le cri

3

des vo-lail-les, et pour les sur-pren-dre, il choi-sit ha-bi-le-ment son temps, ca-che sa mar-che, se glis-se, se traî-ne, ar-ri-ve et fait ra-re-ment des ten-ta-ti-ves in-u-ti-les. S'il peut fran-chir les clô-tu-res ou pas-ser par-des-sous, il ne perd pas un ins-tant; il ra-va-ge la bas-se-cour, il y met tout à mort, se re-ti-re en-sui-te les-te-ment en em-por-tant sa proie qu'il ca-che sous la mous-se, ou qu'il por-te dans son ter-rier; il re-vient quel-ques mo-ments a-près en cher-cher u-ne au-tre; en-sui-te u-ne troi-siè-me et ain-si de sui-te, jus-qu'à ce que le jour ou quel-que mou-ve-ment l'a-ver-tis-se qu'il faut se re-ti-rer et ne plus re-ve-nir. Le re-nard est très-vo-ra-ce; il man-ge des œufs, du lait, du fro-ma-ge, des fruits et sur-tout des rai-sins; lors-que les le-vrauts, les la-pins et les vo-lail-les lui man-quent, il se con-tente du rat, du mu-lot, du ser-pent, du lé-zard, et par là il se rend as-sez u-ti-le à l'hom-me. Il est très-avide de miel, et at-ta-que pour ce-la les a-beil-les sau-va-ges, les guê-pes, les fre-lons. Ces in-sec-tes guer-riers se jet-tent en fou-le sur lui; lors-qu'il en est cou-vert, il se re-ti-re à quel-que dis-tan-ce et se rou-le par ter-re pour les é-cra-ser; il re-vient si sou-vent à la char-ge, qu'il les o-bli-ge à lui a-ban-don-ner le guê-pier : a-lors il dé-ter-re et man-ge le miel et la ci-re. Il prend aus-si des hé-ris-sons, les rou-le avec ses pieds, et les for-ce à s'é-ten-dre. En-fin il man-ge du pois-son, des é-cré-vis-ses, des han-ne-tons, des sau-te-rel-les.

L'ai-gle.

Le grand ai-gle, nom-mé aus-si l'ai-gle ro-yal, est le roi des oi-seaux. Il a plus de trois pieds de long sur huit pieds d'un bout de l'ai-le à l'au-tre. Le mâ-le est plus pe-tit que la fe-mel-le, et a le bec très-fort, les on-gles noirs et poin-tus, les yeux très-grands et vifs.

L'ai-gle a la for-ce et par con-sé-quent l'em-pi-re sur les au-tres oi-seaux, com-me le li-on sur les qua-dru-pè-des. Il ne com-bat que les forts, il mé-pri-se les fai-bles, les lais-se en paix, et dé-dai-gne leur nom-bre et leurs in-sul-tes; il ne man-ge pres-que ja-mais son gi-bier en en-tier; il lais-se, com-me le li-on, le res-te aux au-tres a-ni-maux, et ne tou-che ja-mais aux ca-da-vres. Nés tous deux pour le com-bat et la proie, ils sont é-ga-le-ment fé-ro-ces, fiers et dif-fi-ci-les à ré-dui-re; on ne peut les ap-pri-voi-ser qu'en les pre-nant tout pe-tits. Ce n'est qu'a-vec beau-coup de pa-tien-ce et d'art qu'on peut dres-ser à la chas-se un jeu-ne ai-gle; il de-vient mê-me dan-ge-reux pour son maî-tre dès qu'il a pris de la for-ce et de l'â-ge.

C'est de tous les oi-seaux ce-lui qui vo-le le plus haut. Il em-por-te des oies, des grues; parmi les troupeaux il saisit sans crainte les chiens du ber-ger, les a-gneaux, les che-vreaux et jus-qu'à de jeu-nes veaux. Sa vue est si per-çan-te, qu'il voit sa proie de la plus gran-de é-lé-va-tion; le re-gard de l'ai-gle peut se fi-xer mê-me sur le so-leil.

L'ai-gle vit plus de cent ans, à cau-se de sa gran-de so-bri-é-té et de sa vie ac-ti-ve: il man-ge peu et ne boit pres-que ja-mais, et peut de-meu-rer un mois en-tier sans pren-dre au-cu-ne nour-ri-tu-re. Quand la fe-mel-le du grand ai-gle a don-né le jour à ses trois ou qua-tre pe-tits, elle ob-ser-ve leur ca-rac-tè-re nais-sant, leurs in-cli-na-tions et leurs qua-li-tés. Mal-heur à ce-lui qui n'a-yant pas sa tem-pé-ran-ce, mon-tre-ra un peu trop de pen-chant à la gour-man-di-se; mal-heur à ce-lui qui est né fai-ble et ti-mi-de! L'ai-gle se re-pro-che de leur a-voir don-né le jour, et les tue sans pi-tié com-me des hé-ri-tiers in-dig-nes d'el-le.

Il y a beau-coup d'ai-gles dans les Al-pes et sur nos hau-tes mon-ta-gnes de Fran-ce.

L'au-tru-che.

L'au-tru-che est le plus grand de tous les oi-seaux; il a les pieds et les cuis-ses d'un che-val; ses ai-les ne lui ser-vent pas à vo-ler, mais à hâ-ter sa cour-se. Ses plu-mes sont em-plo-yées dans le com-mer-ce, et sont très-re-cher-chées. L'au-tru-che, quoi-que très-for-te, ne se dé-fend que par la fui-te. On l'ac-cu-se de stu-pi-di-té, par-ce que lors-qu'el-le craint d'ê-tre pri-se, el-le ne ca-che que sa tê-te. Mais c'est qu'el-le n'est vul-né-ra-ble que par-là; d'ail-leurs ces a-ni-maux ont tous un ins-tinct fort bor-né : il est tout sim-ple que ne vo-yant pas, ils croient ne pas ê-tre vus. Les sei-gneurs a-fri-cains se di-ver-tis-sent à la chas-se de l'au-tru-che. On dit que dans sa fui-te el-le à l'art de lan-cer des pier-res a-vec ses pieds. L'au-tru-che est bon-ne mè-re; el-le ne quit-te ja-mais ses pe-tits, et con-tre-fait la bles-sée, pour en é-car-ter le chas-seur; mais aus-si el-le les ren-voie dès qu'ils sont grands. Ses œufs ser-vent de tas-ses et d'or-ne-ments chez plu-sieurs peu-ples o-rien-taux. L'au-tru-che est un a-ni-mal très-gour-mand; el-le a-va-le mê-me des pier-res et des mor-ceaux de fer, pour fa-ci-li-ter sa di-ges-tion.

Le pé-li-can.

C'est un oi-seau de proie, gros com-me un cy-gne et blanc com-me lui ; mais quand il s'em-por-te ou s'ir-ri-te, son plu-ma-ge de-vient ro-se, ou pres-que rou-ge, et re-de-vient blanc quand il est de sang froid. Il ne vit que de pois-son ; il na-ge et vo-le à mer-veil-le. C'est l'em-blê-me des pa-res-seux ; man-ger, dor-mir sont ses seu-les oc-cu-pa-tions ; il ai-me mieux se lais-ser pren-dre que d'in-ter-rom-pre son re-pos. On le re-gar-de aus-si com-me l'em-blê-me des bons pa-rents, et l'on dit que la fe-mel-le nour-rit ses pe-tits de sa pro-pre sub-stan-ce. Ce qu'il y a de vrai, c'est que le pé-li-can a au-des-sous du bec une vas-te po-che où peut te-nir un ba-ril d'eau, a-vec quan-ti-té de pois-sons ; il les en ti-re quand il a faim, et en don-ne à sa cou-vée. Le pé-li-can est com-mun en Eu-ro-pe ; et se trou-ve aus-si en Fran-ce, quoi-que plus ra-re-ment qu'ail-leurs.

Le paon.

Si l'em-pi-re ap-par-te-nait à la beau-té, et non à la for-ce, le pa-on se-rait, sans con-tre-dit, le roi des oi-seaux ; il n'en est point, sur qui la na-tu-re ait ver-sé ses tré-sors a-vec plus de pro-fu-sion. La tail-le gran-de, le port im-po-sant, la dé-mar-che fiè-re, la fi-gu-re no-ble, les pro-por-tions du corps é-lé-gan-tes, tout ce qui an-non-ce un ê-tre de dis-tinc-tion lui a é-té don-né. U-ne ai-gret-te mo-bi-le et lé-gè-re, pein-te des plus ri-ches cou-leurs, or-ne sa tê-te. Son in-com-pa-ra-ble plu-ma-ge sem-ble ré-u-nir tout ce qui flat-te nos yeux dans le co-lo-ris ten-dre et frais des plus bel-les fleurs, tout ce qui les é-blou-it dans les re-flets pé-til-lants des pier-re-ries, tout ce qui les é-ton-ne dans l'é-clat ma-jes-tu-eux de l'arc-en-ciel. La na-tu-re a ré-u-ni sur le plu-ma-ge du paon tou-tes les cou-leurs du ciel et de la ter-re, pour en fai-re le chef-d'œu-vre de la ma-gni-fi-cen-ce.

Tel pa-raît à nos yeux le plu-ma-ge du paon, lors-qu'il se pro-mè-ne pai-sible un beau jour de prin-temps. Mais s'il é-prou-ve quel-que vi-ve é-mo-tion, tou-tes ses beau-tés se mul-ti-plient, ses yeux s'a-ni-ment et pren-nent de l'ex-pres-sion, son ai-gret-te s'a-gi-te sur sa tê-te, les lon-gues plu-mes de sa queue se re-lè-vent, et dé-ploient leurs ri-ches-ses é-blou-is-san-tes; sa tê-te et son col, se ren-ver-sant no-ble-ment en ar-riè-re, se des-si-nent a-vec grâ-ce sur ce fond ra-dieux, où la lu-miè-re du so-leil se joue en mil-le ma-niè-res. Cha-que mou-ve-ment de l'oi-seau pro-duit des nu-an-ces nou-vel-les et des ef-fets de lu-miè-re si su-bli-mes, que no-tre art ne peut ni les i-mi-ter ni les dé-cri-re.

Mais ces plu-mes bril-lan-tes, qui sur-pas-sent en é-clat les plus bel-les fleurs se flé-tris-sent aus-si com-me el-les, et tom-bent cha-que an-née. Le paon, com-me s'il sen-tait la hon-te de sa per-te, craint de se fai-re voir dans cet é-tat hu-mi-li-ant; il cher-che les re-trai-tes les plus som-bres, pour s'y ca-cher à tous les yeux. Mais au nou-veau prin-temps il re-prend sa pa-ru-re ac-cou-tu-mée, et re-pa-raît sur la scè-ne, pour y jou-ir des hom-ma-ges dus à sa beau-té. Car on pré-tend qu'il en jou-it en ef-fet, et qu'il est sen-si-ble à l'ad-mi-ra-tion. Le vrai mo-yen de l'en-ga-ger à é-ta-ler ses bel-les plu-mes, c'est de lui don-ner des re-gards d'at-ten-tion et des lou-an-ges; et au con-trai-re, lors-qu'on pa-raît le re-gar-der froi-de-ment et sans beau-coup d'in-té-rêt, il re-plie tous ses tré-sors, et les ca-che à qui ne sait point les ad-mi-rer.

Le moi-neau.

Les moi-neaux sont, com-me les rats, at-ta-chés à nos ha-bi-ta-tions; il ne se plai-sent ni dans les bois, ni dans les vas-tes cam-pa-gnes; ils sui-vent la so-cié-té pour vi-vre à ses dé-pens. Com-me ils sont pa-res-seux et gour-mands, c'est sur des pro-vi-sions tou-tes fai-tes, c'est-à-dire sur le

bien d'au-trui qu'ils pren-nent leur sub sis-tan-ce ;
nos gran-ges et nos gre-niers, nos bas-ses-cours,
nos co-lom-biers, tous les lieux en un mot, où
nous ras-sem-blons et dis-tri-bu-ons des grains,
sont les lieux qu'ils fré-quen-tent de pré-fé-ren-ce.
Et com-me ils sont aus-si vo-ra-ces que nom-
breux, ils ne lais-sent pas de faire plus de tort
que leur es-pè-ce ne vaut, car leur plu-me ne sert
à rien, leur chair n'est pas bon-ne à man-ger,
leur voix bles-se l'o-reil-le, leur fa-mi-lia-ri-té est
in-com-mo-de, leur pé-tu-lan-ce gros-siè-re est à
char-ge. Ce sont de ces gens que l'on trou-ve
par-tout et dont on n'a que fai-re.

Ce qui les ren-dra é-ter-nel-le-ment in-com-mo-
des, c'est non seu-le-ment leur très-nom-breu-se
mul-ti-pli-ca-tion, mais en-co-re leur dé-fi-an-ce,
leurs ru-ses, et leur o-pi-niâ-tre-té à ne pas
quit-ter les lieux qui leur con-vien-nent. Ils sont
fins, peu crain-tifs, dif-fi-ci-les à trom-per ; ils
re-con-nais-sent ai-sé-ment les piè-ges qu'on leur
tend ; ils im-pa-tien-tent ceux qui veu-lent se don-
ner la pei-ne de les pren-dre. Il n'y a guè-re que
dans les sai-sons de di-set-te et dans les temps de
nei-ge, où cet-te chas-se puis-se a-voir du suc-cès ;
ce qui né-an-moins ne peut fai-re u-ne di-mi-nu-
tion sen-si-ble sur u-ne es-pè-ce qui se mul-ti-plie
trois fois par an. Leur nid est com-po-sé de foin
au-de-hors, et de plu-mes en de-dans. Si vous
le dé-trui-sez, en vingt-qua tre heu-res ils en font

un au-tre si vous je-tez leurs œufs, qui sont com-mu-né-ment au nom-bre de cinq ou six, et sou-vent d'a-van-ta-ge : huit ou dix jours a-près ils en pon-dent de nou-veaux. Si vous les ti-rez sur des ar-bres ou sur des toits, il ne s'en re-cè-lent que mieux dans vos gre-niers. Il faut à-peu-près vingt li-vres de bled par an et u-ne in-fi-ni-té d'au-tres ob-jets qui se ven-dent as-sez chers pour nour-rir u-ne cou-ple de moi-neaux. Que l'on ju-ge par leur nom-bre de la dé-pré-da-tion que ces oi-seaux font de nos grains ; car, quoi-qu'ils nour-ris-sent leurs pe-tits d'in-sec-tes dans le pre-mier âge, et qu'ils en man-gent eux-mê-mes en as-sez gran-de quan-ti-té, leur prin-ci-pa-le nour-ri-tu-re est no-tre meil-leur grain. Ils sui-vent le la-bou-reur dans le temps des se-mail-les, les mois-son-neurs pen-dant ce-lui de la ré-col-te, les bat-teurs dans les gran-ges, la fer-miè-re lors-qu'el-le jet-te le grain à ses vo-lail-les. Ils man-gent aus-si les mou-ches à miel, et dé-trui-sent ain-si de pré-fé-ren-ce les seuls in-sec-tes qui nous soient u-ti-les. En-fin ils sont si mal-fai-sants, si in-com-mo-des, qu'il se-rait à dé-si-rer qu'on trou-vât quel-que mo-yen de les dé-trui-re.

L'hi-ron-del-le.

Mes en-fants, si u-ne hi-ron-del-le se trou-ve à vo-tre por-tée, res-pec-tez-la, ne lui fai-tes au-cun mal. Si u-ne hi-ron-del-le tom-be à vos yeux, de-mi mor-te de fa-ti-gue, de froid ou de faim, gar-dez-vous de la mal-trai-ter; cher-chez lui des in-sec-tes; ré-chauf-fez-la dans vos mains, jus-qu'à ce qu'el-le ait re-pris ses for-ces et qu'el-le puis-se re-vo-ler vers son nid. L'hi-ron-del-le est l'a-mie de l'hom-me; el-le ne vient dans nos con-trées que pour les pur-ger des in-sec-tes mal-fai-sants qui s'y mul-ti-plient à l'in-fi-ni dans la sai-son des cha-leurs; et ja-mais cet-te bon-ne mè-re de fa-mil-le ne nous a por-té le moin-dre pré-ju-di-ce.

On re-con-nait ai-sé-ment l'hi-ron-del-le à son dos noir, son vol ra-pi-de et tor-tu-eux, ra-sant la ter-re et l'eau, sur-tout lors-qu'il doit pleu-voir. El-le com-po-se son nid de foin, de chau-me et de pail-le qu'el-le ma-çon-ne a-vec de l'ar-gi-le et de la boue; el-le l'ar-ron-dit et l'u-nit in-té-rieu-re-ment, le gar-nit de plu-mes et de du-vet, y dé-po-se ses œufs, les cou-ve et é-lè-ve ses pe-tits. Les cris du pè-re et de la mè-re sont l'ex-pres-sion de leur in-qui-é-tu-de, lors-qu'on tou-che à leur nid. Ils ap-pel-lent à leur se-cours les au-tres hi-ron-del-les. On souf-fre leurs nids sous nos toits mal-gré leur mal-pro-pre-té, et on les lais-se ni-cher en paix; ce qui est très-bien fait; car el-les nous dé-li-vrent de cet-te nu-ée de mou-ches, qui, pen-dant l'é-té, dé-vo-rent ou gâ-tent no-tre nour-ri-tu-re, et se dés-al-tè-rent dans no-tre pro-pre sang.

Quel-que-fois des moi-neaux s'em-pa-rent de leur nid; a-lors si el-les ne peu-vent les en fai-re sor-tir, el-les s'en ven-gent d'u-ne ma-niè-re bien cru-el-le; el-les em-ploi-ent leur in-dus-trie pour ma-çon-ner et fer-mer la por-te, a-fin que le moi-neau ne puis-se pas sor-tir pour al-ler man-ger. Ce-la doit vous ap-pren-dre, à res-pec-ter tou-jours les pro-pri-é-tés des au-tres, et à n'u-ser que de ce qui vous ap-par-tient, et, que du mal que l'on fait aux au-tres, il ne peut tôt ou tard en ré-sul-ter que du mal pour nous.

Vers l'ap-pro-che du froid, en au-tom-ne, on voit les hi-ron-del-les se ras-sem-bler; el-les pa-rais-sent con-cer-ter en-tre el-les un dé-part com-mun, et dans le si-len-ce de la nuit tou-te la trou-pe dis-pa-raît. On croit qu'el-les vont vo-ya-ger dans des pays plus chauds, et par ce mo-yen el-les é-chap-pent aux ri-gueurs de l'hi-ver. Leur re-tour an-non-ce le prin-temps; cha-cun vient pren-dre son an-cien nid, sans se trom-per, et sans a-voir en-vie de chan-ger.

La ba-lei-ne.

La ba-lei-ne est le plus grand de tous les a-ni-maux con-nus; c'est vé-ri-ta-ble-ment le roi des mers. On ne peut rien di-re de bien cer-tain sur la gran-deur des dif-fé-ren-tes es-pè-ces de ba-lei-nes. On en a vu qui a-vaient jus-qu'à cent tren-te, et mê-me deux cents pieds de long. La ba-lei-ne or-di-naire, qu'on trou-ve dans les mers du Nord, et qu'on nom-me ba-lei-ne du Grœn-land, n'en a que soi-xan-te à soi-xan-te-dix. Sa tê-te seu-le fait un tiers de sa mas-se. La cir-con-fé-ren-ce de la ba-lei-ne, dans l'en-droit où son corps est le plus gros, est du tiers de sa lon-gueur to-ta-le; sa queue a qua-tre bras-ses de lar-ge. Lors-que la ba-lei-ne est sur le cô-té, el-le don-ne de cet-te queue des coups ca-pa-bles de ren-ver-ser et de sub-mer-ger la plus for-te cha-lou-pe. El-le s'en ai-de pour fen-dre les flots a-vec u-ne vi-tes-se vrai-ment sur-pre-nan-te, eu é-gard à la pe-san-teur de son corps. Ses na-geoi-res ne lui ser-vent qu'à se di-ri-ger; la fe-mel-le s'en sert ce-pen-dant aus-si pour por-ter son ba-lei-neau, lors-qu'el-le est mè-re. L'ou-ver-tu-re de la gueu-le de la ba-lei-ne a quel-que-fois plus de vingt pieds. Les mâ-choi-res ne sont pas ar-mées de dents; mais gar-nies des deux cô-tés de lon-gues et lar-ges la-mes, qui ont la cour-bu-re d'u-ne la-me de faux, poin-tues com-me el-le, d'u-ne sub-stan-ce de cor-ne noi-re, fle-xi-ble, é-las-ti-que, et qui fi-nit par se fran-ger aux bords; ces la-mes se nom-ment fa-nons. Ces fa-nons, dont les plus grands ont de six jus-qu'à dix et dou-ze pieds de lon-gueur, qua-tre à cinq li-gnes d'é-pais-seur, sont au-tant de grands râ-teaux ou de fi-lets, a-vec les-quels la ba-lei-ne re-cueil-le sa pa-tû-re au fond des mers. Les plo-yans dont les fem-mes se ser-vent, qu'el-les met-tent dans leurs cor-sets, et qu'on nom-me ba-lei-nes, sont des la-mes pri-ses de ces fa-nons, ou des dents de la ba-lei-ne.

La grais-se de la ba-lei-ne sert à fai-re u-ne hui-le u-ti-le aux dra-piers pour la pré-pa-ra-tion des lai-nes, aux cor-ro-yeurs pour a-dou-cir les cuirs, aux pein-tres pour dé-la-yer cer-tai-nes cou-leurs, aux ma-rins pour grais-ser le brai dont on en-duit les vais-seaux. La chair de ba-lei-ne est dif-fi-ci-le à di-gé-rer, mais ce-pen-dant pro-pre aux es-to-macs ro-bus-tes des ha-bi-tants des con-trées qu'el-les fré-quen-tent.

Les serpents.

La plupart des animaux terrestres ont des pieds; les oiseaux ont des ailes, et les pois-sons ont des nageoires : voici des animaux qui n'ont ni ailes, ni nageoires, ni pieds; et ce-pendant la nature leur a donné les moyens de s'avancer avec rapidité, de monter le long des arbres, de nager dans les eaux, et même de s'élancer: on les appelle serpents. Ils se glissent rapidement par des ondulations, c'est-à-dire en se repliant et en s'alongeant. Cette classe d'animaux est fort nombreuse, et se retrouve dans les climats chauds et les climats tempérés. Il y a des espèces malfaisantes, et dont la morsure donne la mort; il y en a d'autres qui ne font aucun mal. C'est dans les climats les plus chauds, au milieu des déserts que se trouvent les serpents les plus dangereux et les plus grands. Nous n'en avons que de petits dans nos climats tempérés, et la plupart n'ont point de venin. En France nous ne connaissons que quatre espèces de ces reptiles : l'aspic, qui déchire avec ses dents, mais dont la morsure n'est pas dangereuse ; l'orvet et la couleuvre, qui ne sont point dangereux non plus ; et la vipère, qui seule contient un venin qui peut donner la mort, mais à la blessure de laquelle on peut porter remède.

La plupart des serpents sont ovipares, et cachent leurs œufs, qui ont une coque molle, dans un lieu où le soleil puisse les faire éclore. Tous les serpents changent de peau au moins deux fois par an. Cette mue s'opère dans l'espace d'une nuit et d'un jour.

La tortue.

Il y a des tortues de terre, des tortues de mer, et des tortues d'eau douce. Les tortues, en général, n'ont pas une figure bien attrayante. Celle de terre ressemble au serpent par la tête, et au lézard par la queue et par les pattes. C'est tout ce que l'on voit de son corps, quand elle est dans sa position naturelle ; car elle est recouverte d'une ample écaille voutée, qui lui sert comme de bouclier. Quand elle craint quelque danger, elle se retire tout entière sous cette écaille, et elle peut, ainsi garantie, recevoir un choc assez considérable, sans en éprouver aucun mal ; une roue de carrosse pourrait passer dessus sans la faire plier. La tortue de terre se nourrit de fruits, d'herbes, de limaçons, de vers et d'insectes. Elle ne paraît qu'en été ; en hiver elle habite des trous, où l'on présume qu'elle reste sans manger. Sa chair est blanche et fort bonne à manger. Les plus grandes tortues de terre n'ont pas plus de quatre pieds de longueur ; mais on en voit peu de cette taille. La tortue de mer est beaucoup plus grande. Il y en a de cette dernière espèce qui parviennent à un accroissement prodigieux. Quelques voyageurs assurent avoir vu dans l'Océan indien des tortues dont l'écaille aurait pu contenir quatorze hommes à la fois.

L'écaille de la tortue forme un grand article de commerce ; on l'amollit dans l'eau très-chaude, on en fait des boîtes, des peignes, des manches de couteaux et une infinité d'autres objets qui se vendent assez cher.

Les abeilles.

Les abeilles, mon cher enfant, vous procurent une douceur bien agréable, en vous donnant leur miel. Peut-être ignorez-vous encore la peine qu'elles ont à amasser ce trésor précieux ; je veux vous l'apprendre, et vous engager à la reconnaissance envers ces intéressants petits animaux. C'est une double leçon pour vous ; elles vous donneront l'exemple de la docilité et du travail, et vous apprendrez à connaître le doigt de Dieu jusque dans ses plus petits ouvrages.

Les abeilles sont soumises à des lois et à un gouvernement. Dans chaque ruche il y en a une plus grosse que les autres, et que toute la communauté regarde comme son monarque, et à qui elle obéit avec fidélité. On a reconnu que cette reine est une femelle et la mère de toute la ruche, et que ceux qu'on appelle bourdons, qui sont plus gros et d'une couleur plus obscure que les abeilles ordinaires, sont tous mâles. Les abeilles travailleuses ne sont ni mâles ni femelles. Quand la reine paraît en public, elle est toujours accompagnée de plusieurs bourdons qui la suivent avec respect et de grands signes de joie de la voir. Si quelque malheur lui arrive, elles en ont grand soin ; et lorsqu'elles la perdent, elles négligent toutes leurs affaires, volent à l'aventure, ou meurent. La matière de leur habitation n'est que de la glu et de la cire. Elles se partagent, pour le travail, en quatre bandes : les unes vont chercher les matériaux ; d'autres commencent à les employer et ébauchent l'ouvrage ; d'autres le polissent et le perfectionnent ; d'autres enfin vont chercher à manger pour celles qui travaillent. Lorsqu'une ouvrière a faim, elle fait un signe à la première pourvoyeuse qu'elle rencontre, et celle-ci vient lui dégorger le miel dont elle est chargée. Elles ne mettent guères que quinze jours à garnir une ruche de rayons. La cellule de la reine est toujours la plus haute du bâtiment. Quand une génération nouvelle a trop augmenté le nombre des habitants de la ruche, les anciens obligent cette jeunesse à aller s'établir ailleurs, c'est ce qu'on nomme un essaim. Aux approches de l'hiver, on chasse les bourdons malgré leur résistance, on les traine hors de la ruche, et pour les empêcher d'y rentrer, on les tue. Ce sont des bouches inutiles. Il arrive quelquefois que des enfants attaquent la ruche ; alors le plus hardi est tout couvert d'abeilles ; elles lui laissent dans le corps chacune un aiguillon, et meurent contentes de s'être vengées et d'avoir sauvé l'état aux dépens de leurs jours attachés à la conservation de leur trompe ou aiguillon. Si un petit animal se glisse dans leur ruche, elles le couvrent de cire, et l'enterrent ainsi tout vivant.

66

Les papillons.

Parmi les petits êtres ailés, dont l'air se peuple dans la saison des chaleurs, il n'en est pas de plus jolis que les papillons. Mais ces petits animaux ne naissent pas comme nous les voyons alors. Ils passent les premiers beaux jours sous une forme moins agréable ; et pour que nous ne soyons pas tentés de fouler aux pieds la chenille qui rampe sur notre chemin, il faut que nous sachions que bientôt, si nous la laissons vivre, elle prendra, pour voltiger de fleurs en fleurs, ces ailes nuancées d'or et d'azur, qui plus tard donnent à certains papillons une parure si riche et si bien faite pour charmer nos regards. Les chenilles se montrent au printemps pour la plupart : elles sont elles-mêmes le produit des œufs que les papillons de l'année précédente ont répandus de côté et d'autre avant de mourir. Tous les papillons qui sont nés avec la belle saison, ne meurent pas avec elle ; un assez grand nombre survit aux plus grands froids. On trouve les uns à plusieurs pieds sous terre, les autres dans des trous d'arbres creux, d'autres dans des crevasses de murailles. Certaines espèces de chenilles se rassemblent en grand nombre, et s'amoncellent sur les branches des arbres les plus hauts ; elles y forment de leur substance un tissu très-fort, s'en enveloppent, et s'y tiennent cachées jusqu'au retour de la belle saison.

Les papillons semblent se disputer le droit de charmer nos yeux par la fraîcheur et la variété de leurs couleurs. Leur légèreté, leur vivacité, leur course vagabonde, tout plaît en eux.

Beaucoup de chenilles sont un véritable fléau pour les habitants de la campagne; elles rongent les moissons avant même qu'elles sont parvenues à leur maturité ; elles s'attachent aux arbres fruitiers, auxquels elles ne sont pas moins nuisibles. Mais il est une espèce de ces animaux, intéressants par l'innocence de leur vie et le profit qu'ils nous apportent : je veux parler des vers à soie. Ces insectes précieux se sont très-bien naturalisés dans une partie de la France méridionale, où on les élève avec succès, et où ils se sont multipliés au point que la soie qu'ils fournissent est l'objet d'une branche de commerce très-considérable.

Les fourmis.

On trouve parmi les fourmis trois espèces d'individus : des fourmis mâles, des fourmis femelles, et des fourmis ouvrières, qui n'ont point de sexe. Les mâles sont les plus petits, et sont principalement distingués par quatre ailes transparentes; les femelles ont quatre ailes également, et sont bien plus grosses. Les ouvrières, qui, pour la grosseur, tiennent le milieu entre les mâles et les femelles, n'acquièrent jamais d'ailes. Ce sont ces dernières qui sont chargées de construire l'habitation, de soigner les œufs, et de gouverner les petits. Vous savez comment sont faites les fourmilières ; les petites entrées que l'on y remarque conduisent à une cavité souterraine, enfoncée d'un pied et plus. Vous sentez combien de peines doivent coûter à ces insectes de semblables travaux. Ils ne peuvent détacher à la fois qu'une très-petite molécule de terre, et l'emporter ensuite dehors à l'aide de leurs mâchoires : mais la quantité et l'ensemble des ouvrières supplée à leur force et à leur grandeur. Elles ont soin, pour ne pas s'embarrasser, de sortir par une porte et de rentrer par l'autre. Ces grands travaux ont pour but d'offrir une habitation commode aux petits qui vont naître, et à la société entière, qui s'y retire pendant l'hiver.

Quant aux provisions, qu'elles renferment dans leurs magasins, tout leur est bon, elles s'accomodent de tout ce qui se peut manger. On les voit se charger avec un empressement merveilleux, l'une d'un pépin de fruit, l'autre d'un moucheron mort. Plusieurs ensemble se mettent sur une carcasse de banneton ou d'autre insecte. On mange ce qu'on ne peut enlever, on transporte au logis ce qui se peut conserver. Il n'est pas permis à tout ce petit monde de courir çà et là à l'aventure. Il y en a qui sont chargées de battre l'estrade, et d'aller à la découverte ; sur leur rapport tout le peuple se met en campagne pour aller donner l'assaut à une poire bien mûre, ou à un pain de sucre, ou à un pot de confiture. On court du fond du jardin à un troisième étage, pour parvenir à ce pot. C'est une carrière de sucre, c'est un Pérou qu'on leur a découvert; mais pour y aller et pour en revenir, la marche est réglée. Tout le monde a ordre de se rassembler par un même sentier. Leur grande passion après celle-là, est, dit-on d'amasser du blé ou d'autres graines; et de peur que ce blé ne germe à l'humidité dans leurs cellules souterraines, on assure qu'elles en rongent le germe qui est à la pointe du grain. J'ai vu des fourmis porter ou pousser des grains d'orge ou de froment plus gros qu'elles.

Les fourmis, après avoir passé l'été dans un travail et une agitation continuelle, se tiennent l'hiver closes et couvertes, jouissant en paix des fruits de leur peines. Il y a cependant apparence qu'elles mangent peu en hiver, et qu'elles sont engourdies alors ou endormies, comme bien d'autres insectes. Ainsi leur ardeur à faire des provisions tend moins à se précautionner en hiver, qu'à se pourvoir durant la moisson de ce qui est nécessaire à leurs petits. Vous avez sans doute vu dans les fourmilières ce que l'on appelle des œufs de fourmis; ce ne sont point des œufs, mais des vers blancs : les œufs sont si petits, qu'on les aperçoit à peine ; on les prendrait pour du sucre en poudre. Au bout de quelques jours, il en sort des vers qui grossissent bien vîte, et au point même, d'être plus gros que les fourmis. Ce sont les ouvrières qui prennent soin de ces petits vers. Vers le milieu des beaux jours de l'été, elles les portent à l'entrée de leur souterrain, pour leur faire sentir l'influence de l'air doux ; au déclin du jour, elles les reportent au fond de la fourmilière. Elles les nourrissent avec le même soin.

Le grand Livret.

2	fois	2	font	4
2	—	3	—	6
2	—	4	—	8
2	—	5	—	10
2	—	6	—	12
2	—	7	—	14
2	—	8	—	16
2	—	9	—	18
2	—	10	—	20
2	—	11	—	22
2	—	12	—	24

3	fois	2	font	6
3	—	3	—	9
3	—	4	—	12
3	—	5	—	15
3	—	6	—	18
3	—	7	—	21
3	—	8	—	24
3	—	9	—	27
3	—	10	—	30
3	—	11	—	33
3	—	12	—	36

4	fois	2	font	8
4	—	3	—	12
4	—	4	—	16
4	—	5	—	20
4	—	6	—	24
4	—	7	—	28
4	—	8	—	32
4	—	9	—	36
4	—	10	—	40
4	—	11	—	44
4	—	12	—	48

5	fois	2	font	10
5	—	3	—	15
5	—	4	—	20
5	—	5	—	25
5	—	6	—	30
5	—	7	—	35
5	—	8	—	40
5	—	9	—	45
5	—	10	—	50
5	—	11	—	55
5	—	12	—	60

6	fois	2	font	12
6	—	3	—	18
6	—	4	—	24
6	—	5	—	30
6	—	6	—	36
6	—	7	—	42
6	—	8	—	48
6	—	9	—	54
6	—	10	—	60
6	—	11	—	66
6	—	12	—	72

7	fois	2	font	14	10	fois	2	font	20
7	—	3	—	21	10	—	3	—	30
7	—	4	—	28	10	—	4	—	40
7	—	5	—	35	10	—	5	—	50
7	—	6	—	42	10	—	6	—	60
7	—	7	—	49	10	—	7	—	70
7	—	8	—	56	10	—	8	—	80
7	—	9	—	63	10	—	9	—	90
7	—	10	—	70	10	—	10	—	100
7	—	11	—	77	10	—	11	—	110
7	—	12	—	84	10	—	12	—	120
8	fois	2	font	16	11	fois	2	font	22
8	—	3	—	24	11	—	3	—	33
8	—	4	—	32	11	—	4	—	44
8	—	5	—	40	11	—	5	—	55
8	—	6	—	48	11	—	6	—	66
8	—	7	—	56	11	—	7	—	77
8	—	8	—	64	11	—	8	—	88
8	—	9	—	72	11	—	9	—	99
8	—	10	—	80	11	—	10	—	110
8	—	11	—	88	11	—	11	—	121
8	—	12	—	96	11	—	12	—	132
9	fois	2	font	18	12	fois	2	font	24
9	—	3	—	27	12	—	3	—	36
9	—	4	—	36	12	—	4	—	48
9	—	5	—	45	12	—	5	—	60
9	—	6	—	54	12	—	6	—	72
9	—	7	—	63	12	—	7	—	84
9	—	8	—	72	12	—	8	—	96
9	—	9	—	81	12	—	9	—	108
9	—	10	—	90	12	—	10	—	120
9	—	11	—	99	12	—	11	—	132
9	—	12	—	108	12	—	12	—	144

Ouvrages dont on se sert avec succès pour apprendre le français, et qui se trouvent à la Librairie d'Éducation de F. C. Heitz, rue de l'outre 5, à Strasbourg.

Aufschlager, Lectures françaises instructives et amusantes, à l'usage de la jeunesse. 5. édit. in-12. cart.   1 fr. 80 c.
— — Le petit *Traducteur* du français en allemand ou choix d'exercices destinés à familiariser les commençants avec l'application des règles grammaticales des deux langues.   80 c.
— — Principes de la Grammaire française à l'usage des allemands. Sixième édition, corrigée et augmentée; in-12. 2 tomes en un volume; cart. 2 fr. la Grammaire 1 fr. les Exercices 1 fr.
— — Recueil de thèmes à traduire de l'allemand en français. Angenehme und lehrreiche Uebungsstücke zum Uebersetzen aus dem Deutschen ins Französische und zur Erlernung einer guten Schreibart nach den besten französischen Mustern 4te vermehrte Ausgabe. 12. cart.   2 Fr. 30 C.
Cours élémentaire de Thèmes, à traduire de l'allemand en français. Seconde édition revue et corrigée; in-12. cart.   70 c.
Edel, *Petit Dictionnaire français-allemand*; quatrième édition in-12. cart.   1 fr.
Entretiens propres à familiariser les enfants avec le langage de la conversation française, suivis de l'explication des mots. Nouvelle édition, corrigée et augmentée; in-12. br.   60 c.
Martin, *Nouveau Dictionnaire de poche, français-allemand et allemand-français*; 27.e édition. Neues französisch-deutsches und deutsch-französisches Taschenwörterbuch. 27ste Ausgabe. 16. br.   3 Fr.
Petit Choix de lectures françaises à la portée des enfants de 6 à 9 ans, suivi de l'explication des mots; troisième édition, augmentée d'un recueil de fables. in-12. cart.   75 c.
Recueil de fables; in-12. br.   30 c.
Thibaut, *Nouveau Dictionnaire de poche, français-allemand et allemand-français*; 7.e édition. Neues deutsch-französisches und französisch-deutsches Taschenwörterbuch, 7te verbesserte und vermehrte Auflage; 8. br.   8 Fr.
Vocabulaire français-allemand ou recueil des mots français les plus usités, rangés en certaines classes. Nouvelle édition, revue et corrigée; in-12. cart.   1 fr. 50 c.

STRASBOURG, DE L'IMPRIMERIE DE FRÉDÉRIC-CHARLES HEITZ.